불교 사자성어

불교 사자성어
네 글자로 만나는 삶의 지혜

초판 1쇄 발행 2023년 4월 15일
초판 2쇄 발행 2023년 6월 10일

저자	윤창화
주간	사기순
기획홍보	윤효진
영업관리	김세정
펴낸이	윤재승
펴낸곳	민족사

출판등록	1980년 5월 9일 제1-149호
주소	서울 종로구 삼봉로 81 두산위브파빌리온 1131호
전화	02-732-2403,2404
팩스	02-739-7565
홈페이지	www.minjoksa.org
페이스북	www.facebook.com/minjoksa
이메일	minjoksabook@naver.com

ⓒ 윤창화, 2023.

ISBN　　979-11-6869-030-1 (03220)

불교 사자성어

네 글자로 만나는
삶의 지혜

윤창화 지음

민족사

• 차례 •

머리말

한자(漢字)는 한 글자에도 뜻이 있고(癡, 어리석음), 두 글자면(知足, 만족할 줄 알다) 어느 정도 의미를 표현할 수 있고, 네 글자(4字)면 모든 것을 표현, 전달할 수 있다.

이 책은 불교에서 널리 사용하고 있는 사자성어(四字成語) 60여 개를 뽑아서 그 뜻과 의미, 그리고 메시지 등 관련된 여러 가지를 서술했다. 하루에 한 개씩 2달 동안 이 책에 실린 사자성어 60개를 안다면, 불교에 대한 이해는 물론이고 근심, 걱정 등 번뇌에서 벗어나 행복하고 풍요로운 시간을 보낼 수 있을 것이다. 이 60여 개 사자성어 속에는 불교 교리, 사상, 문화, 가르침 등 다양한 내용이 수록되어 있기 때문이다.

사자성어는 은유적·간접적 화법이다. 이런 화법은 직접적 화법보다 주는 메시지가 깊다. 사자성어에서 마음이 흔들려 인생의 진로를 바꾸는 것은 간접적 화법의 효과 때문이라고 할 수 있다.

이 책은 독자들의 삶에 무언가 도움이 되었으면 해서 5~6년 전부터 쓰기 시작했다. 불교에서 널리 사용되고 있는 사자성어를 통해서 혼탁한 이 세상을 이야기하고, 부족하지만 대안 혹은 살아가는 힘과 지혜를 주고자 시도했다. 아울러 무엇이 옳고 그른지, 가치관과 삶의 방법 등에 대해서도 비록 고리타분한 꼰대적 사고지만, 이야기해 보고자 했다.

이 책은 "오늘은 어떤 법문을 할까?" 하고 고민하는 스님들께도 아이디어를 줄 것이다. '회자정리(會者定離)', '원증회고(怨憎會苦)', '몽중설몽', '소욕지족' 등 의미 깊은 사자성어를 통해서 폭넓은 삶의 지혜를 이야기해 줄 수 있기 때문이다. 말미에 '한자 연습', '출전' 등도 달아 놓았다. 부족하지만 이 책이 삶의 고해(苦海)를 이겨내고 훌륭한 인격을 이루는 데 도움이 되었으면 한다.

2023년 1월
저자 윤창화 쓰다

몽중설몽
(夢中說夢)

꿈속에서 꿈 이야기를 하다

꿈속의 일들은 모두 꿈일 뿐이다. 그러나 우리는 꿈을 꾸는 동안에는 사실로 받아들인다. 그래서 무서운 꿈을 꾸면 공포에 떨기도 하고, 심하면 소리를 지르기도 한다.

몽중설몽(夢中說夢)은 '꿈속에서 꿈 이야기를 한다.'는 뜻이다.

꿈은 실재하는 것이 아닌데도 꿈속에서 또 꿈 이야기를 하고 있으니, 매우 어리석고 허황하기 짝이 없다는 뜻이다. 일반적으로는 '횡설수설', '호언란어(胡言亂語)', '또는 '무엇을 말하는지 종잡을 수 없음'을 가리키는 말로 사용되고 있다.

몽중설몽은 《대반야경(大般若經)》(596권)에 있는 사자성어다.

"마치 어떤 사람이 꿈속에서 꿈을 이야기하고 있는 것처럼, 꿈에서 보았던 갖가지 현상들은 모두가 실재하는 것이

아니다. 꿈도 실재하는 것이 아닌데 더구나 꿈속의 일들을
말할 필요가 있겠는가?"

모든 현상은 실재하는 것이 아니다. 한낮 꿈이고, 공
(空)일 뿐이다. 그와 같이 우리 인생도 공(空), 허망한 존재
라는 것을 시사하는 말이기도 하다.

꿈은 의식 속에 나타난 환영(幻影)이라고 한다. 심리학
에서 '꿈은 사람의 의식·무의식을 반영하는 거울'이라고
한다. 정신분석학자 프로이트(Freud. S.)는 '현실에서의 체험
이 왜곡·변장해서 나타난다는 것이 꿈'이라고 하였다.

또 그는 《꿈의 해석》에서 그날에 있었던 일이나 누워
있을 때의 몸 상태, 과거의 죄책감, 미래에 대한 불안 심리,
근심 걱정, 그리고 마음의 갈등과 번민, 좋지 못한 인간 관
계 등이 의식 속에 잠재해 있다가 꿈에 반영된다고 하였다.
특히 건강이 나쁠 때, 또는 정신적·육체적으로 허약할 때
는 쫓기는 꿈 등 공포에 시달리는 꿈을 많이 꾸게 된다고
한다.

조선시대의 고승서산 대사(1520~1604)의 시(詩) 가운
데 삼몽시(三夢詩)라는 유명한 시가 있다.

"주인은 나그네에게 꿈 이야기 하고
나그네는 주인에게 꿈 이야기 하네.

지금 꿈을 이야기하고 있는 두 사람

그들 역시 꿈속의 사람이어라.

주인몽설객(主人夢說客)

객몽설주인(客夢說主人)

금설이몽객(今說二夢客)

역시몽중인(亦是夢中人)"

《청허당집》2권

듣자 하니 주인은 나그네에게, 나그네는 주인에게 꿈
을 사실처럼 이야기하고 있는데, 그들 역시 꿈속의 인생을
살아가고 있는 존재라는 것이다. 그래서 어리석은 사람 앞
에서는 꿈 이야기를 하지 말라[痴人面前 不得說夢]고 한다.
사실로 믿기 때문이라는 것인데, 정말 그런지는 알 수 없지
만, 어리석음을 풍자하는 말일 것이다.

이 삼몽시는 조선의 시사(詩史)에서도 명시에 속한다.
문학적으로도 뛰어난 선시다. "그들 역시 꿈속의 사람(亦是
夢中人)."이라는 말에서, 인생이란 덧없는 존재, 허망한 존
재임을 함축적으로 이야기하고 있다. 서산 대사 만년의
작(作)이 아닌가 생각한다.

꿈에 대해서는 한말(韓末)의 유명한 불교 거사였던 월
창 거사 김대현(金大鉉, ?~1870)의《술몽쇄언(述夢瑣言)》이

라는 책이 있다. 핵심은 우리의 인생 100년은 꿈에 지나지 않는다는 뜻이다.

이 책은 처음으로 남만성 선생이 번역했는데(을유문고 143), 역자의 해설은 본문보다 더욱 명문이었다. 지금 내로라하는 필자들, 그의 사유세계를 따라갈까? 명저이므로 시간이 된다면 한번씩 읽어보아도 좋을 것이다.

불교에서는 하룻밤의 꿈을 '소몽(小夢)'이라고 하고, 인생 100년을 '대몽(大夢)'이라고 한다. 그러나 우리는 인생을 꿈이라고는 생각하지 않는다. 그래서 하찮은 것, 별것도 아닌 것을 가지고도 싸워댄다. '자존심에 스크래치가 났다'고 싸운다. 참으로 인간은 몽매하기도 하다.

'꿈'이라면 그 유명한 《장자》 호접몽(胡蝶夢) 이야기가 있다. 어느 날 밤 꿈에 장자는 호랑나비가 되었다. 훨훨 날면서 마음대로 즐겼다. 자기 자신을 잊어버렸다[忘我]. 그러다가 문득 잠에서 깨어 보니 분명 자신은 인간 장주였다. 그는 생각했다. 내가 나비가 된 것일까? 나비가 나로 변한 것일까? 도무지 구분할 수가 없었다.

장자는 호접몽 이야기를 통해서 독자를 인생 속, 세상 속으로 끌어들이고 있다. 여기서 그가 하고 싶은 말은 물아일체(物我一體)이므로, 옳고 그름(是非)을 따지거나 피아(彼我)를 구분하지 말라는 뜻이다. 장자는 그것을 물화(物化, 物我一體)라고 하였다. '너(彼)와 나(我)'는 원래 하나라는 뜻이다.

우리는 꿈을 꾸면서 그것이 꿈이라는 사실을 전혀 인지하지 못한다. 100% 사실로 받아들인다. 꿈에서 깨고 나서야 비로소 그것이 꿈이었다는 것을 알게 된다.

우리 인생 100년도 그와 같을지도 모른다. 사랑해 본 뒤에야 사랑이 무엇인지 알 수 있고, 살아본 뒤에야 삶이 무엇인지 알 수 있듯이, 죽어본 뒤에야 사후세계가 더 극락이고 천당일지 누가 알 수 있으리오?

싸움이란 바로 나, 내 생각은 옳고, 상대방은 그르다는 데서 출발한다. 나를 알아주지 않는다는 데서 발단한다. 자아, 에고 등 스스로 만든 세계관에 흠뻑 도취하여 고래고래 핏대를 올리면서 싸운다.

일장춘몽(一場春夢).

우리는 쓸데없는 일에 인생을 낭비하는 것이 아닌지? 가끔씩은 자신을 관조해 보기도 해야 한다.

夢中說夢 몽중설몽   + 한자 연습

夢 꿈 몽. 꿈꾸다.   說 말씀 설. 말하다.
中 가운데 중. 중간.   夢 꿈 몽.

◆ 출전: 현장(602~664)역《대반야경》596권

회자정리
(會者定離)

만난 자는 반드시 헤어진다

"가련하고 슬픈 늙음이여,

아름다움을 시들게 하는 늙음이여,

젊던 육신도 늙어감에 따라 산산이 부서지네.

백 년을 산다고 해도 그 종착지는 죽음.

죽음은 아무도 피할 수 없는 것,

죽음은 모든 것을 부수어버리네."

고따마 붓다,《대반열반경(마하빠리닙바나)》

회자정리(會者定離)는 '만난 자는 반드시 헤어진다'는 뜻이다. 부처님께서 열반(입적)에 드시면서 남긴 말씀 가운데 하나로, '존재의 무상함'을 가리키는 말이기도 하다.

부처님께서는 80세 되던 해 봄 생애 마지막 순회 법회에 오르셨다. 출발지는 라자가하(왕사성)였고, 목적지는 까삘라바스뚜(가빌라국)였다. 이곳은 붓다의 고향이기도 했다. 라자가하에서 까삘라바스뚜까지 거리는 약 495km로, 서울에서 부산(477km) 정도 거리이다.

그런데 부처님께서 까뻴라바스뚜를 150여 *km* 남겨 둔 꾸시나가라 근교에 이르렀을 무렵 재가 제자 쭌다가 올린 공양으로 인하여 심한 복통이 일어났다. 공양 속에는 '스카라 맛다바'라고 하는 음식이 있었는데, 변질되어 식중독을 일으켰던 것이다. 부처님께서는 연일 피를 토하는 복통과 설사로 탈진상태가 되었다.

연세 80, 두 달 동안의 피로와 설사로 이승과 이별을 고해야 할 순간을 맞이하고 있었다. 부처님께서는 두 그루 사라나무 사이(사라쌍수)에 몸을 기댄 채 누우셨다. 그리고는 제자 아난다에게 말씀하셨다.

"아난다여,
　내 나이 이제 여든이 되었구나.
　나는 이제 늙어 삶의 마지막 단계에 와 있다.
　마치 낡은 수레가 겨우 가죽끈의 힘으로 가듯,
　나의 몸도 가죽끈의 힘으로 가는 것 같구나."

"가련하고 슬픈 늙음이여,
　아름다움을 시들게 하는 늙음이여,
　그렇게 젊던 육신도 늙어감에 따라 산산이 부서지네.
　백 년을 산다고 해도 그 종착지는 죽음이네.
　죽음은 아무도 피할 수 없는 것,

죽음은 모든 것을 부수어버리네."

그 말씀을 들은 아난다(아난)는 목놓아 울었다. 아난다는 무려 25년 동안 부처님을 시봉했으니 통곡하지 않을 수 없었다. 경전에는 어깨를 들썩거리면서 울었다고 전한다. 그 모습을 보신 부처님께서는 또 아난다를 위로하셨다.

"아난다여!
너무 슬퍼하지 말아라.
내가 전부터 말하지 않았더냐.
사랑하는 사람, 좋아하는 사람과는
언젠가는 헤어지는 때(會者定離)가 오게 된다고."

"비구들이여!
존재하는 모든 것은 사멸하는 것(生者必滅).
방일하지 말고 열심히 정진하여라.
비구들이여!
너희들은 너 자신을 의지할 뿐,
타인을 의지하지 말라."

《대반열반경(마하빠리닙바나)》

너무나도 생생한 붓다의 열반(입적) 장면이다. 초기불

전 가운데 하나인《대반열반경(마하빠리닙바나)》에 나온다.

부처님께서 드시고 입멸하게 되었던 '스카라 맛다바'라고 하는 음식에 대하여, '돼지고기 요리', '버섯 요리'라는 설이 있으나, 돼지고기 요리일 가능성이 높다고 한다.

사실 부처님께서는 그 음식을 보자마자 상했다는 것을 아셨다. 그래서 제자들에게는 먹지 못하게 하셨고, 또 모두 거두어서 땅에 묻으라고까지 하셨으면서도 정작 부처님께서는 드셨는데, 왜 드셨을까? 그 이유에 대하여 여러 가지 설이 있으나 명쾌하지는 않다.

당시 부처님께서는 80세로 장수하셨다고 할 수 있는데, 대략 감지하신 것은 아니었을까? 그리고 부처님께서는 아난다에게, "쭌다가 이 일로 괴로워할지 모르니 위로해 주라."고 말씀하셨다.

한역본《법구경》에는 "합회유리(合會有離, 만나면 이별이 있고), 생자유사(生者有死, 태어나면 죽음이 있다)."라고 되어 있고, 한역본《대반열반경》에는 "부성필유쇠(夫盛必有衰, 번성하면 반드시 쇠함이 있고), 합회유별리(合會有別離, 만나면 헤어짐이 있다)."라고 되어 있다. 경전을 한자로 번역하면서 오는 표현의 차이일 뿐이다.

여기서 나온 사자성어가 '회자정리(會者定離)', '생자필멸(生者必滅)'이다. '만난 자는 언젠가는 헤어지게 되고', '태어난 자는 반드시 죽음이 있고', 흥하면 쇠함이 있다. 그것이 존재의 법칙이다.

그렇다면, 영원한 것은 무엇일까? 유형(有形)의 육신은 영원할 수가 없다. 아무리 많아도 100년을 넘길 수가 없다. 언젠가는 사라지고 사멸(死滅)되어 간다. 오로지 시간을 초월하여 영원한 것은 그의 훌륭한 가르침과 삶뿐이다. 타인을 위한 이타적인 삶뿐이다.

◆ 참고: 《대반열반경》은 두 가지가 있다. 초기불전인 《대반열반경(마하빠리닙바나)》과 대승경전인 한역 《대반열반경(흔히 열반경이라고 함)》이 있다. 초기경전 《대반열반경》은 부처님의 입멸(열반)을 중심으로 서술하고 있고, 대승경전인 한역 《대반열반경》은 그 사건(부처님 열반)의 철학적·종교적 의미를 강조하고 있다. 여기에 나오는 《대반열반경》은 초기불전을 가리킨다.

會者定離 회자정리   + 한자 연습

會 모을 회. 모이다.   定 정할 정. 확실함.
者 사람 자.   離 떠날 리. 헤어지다. 이별하다.

◆ 출전: 한역 《법구경》, 한역 《대반열반경》

무명장야
(無明長夜)

어리석음의 기나긴 밤

"잠 못 이루는 사람에게 밤은 길어라.

피곤한 사람에게 길은 멀어라.

바른 법을 모르는 어리석은 사람에게

아, 아!

생사의 밤길은 길고도 멀어라."

한역《법구경》

　　미망 속을 헤매고 있는 중생들의 삶, 어리석은 중생들의 삶의 모습을 가리키는 말이 무명장야(無明長夜)이다. 무지(無智)의 기나긴 밤이라는 뜻으로, 생사장야(生死長夜)와도 같은 말이다. 생(生)과 사(死)를 반복하면서 살아가고 있는 윤회의 기나긴 밤을 가리킨다.

　　불교의 중요한 가르침의 하나로 12연기가 있다. 윤회, 또는 번뇌와 고(苦)가 발생, 소멸하는 과정을 12단계로 설명한 것인데, 첫 시작이 무명이다. 즉 무지함으로 인하여 악업을 짓게 되고, 그 업(業)이 원동력이 되어 12단계의 악순환(윤회)이 시작된다.

한 예로 뱀의 주식(主食)은 쥐, 개구리 등인데, 이런 생태적인 구조 속에서는 도저히 축생에서 벗어날 수가 없다. 사자 등 육식동물도 마찬가지다. 그래서 인도인들은 윤회를 가장 싫어한다고 한다. 한번 윤회의 카테고리 속으로 엮여 들어가면 빠져나올 수가 없기 때문이다.

무명은 탐·진·치 삼독(三毒) 가운데 하나이다. 탐(貪)은 탐욕이고, 진(嗔)은 증오, 분노심이고, 치(癡)는 무지, 어리석음으로, 한자로 표기할 때는 癡, 痴(치) 자를 모두 통용한다.

'치(癡, 어리석을 치)'라는 글자를 파자(破字, 글자를 쪼개서 풀이하는 것)해 보면, '의심 병, 불신 병(癡)'이라는 뜻으로 이는 곧 어리석음을 뜻한다. 어리석기 때문에 믿지 않는다. 또 통용자인 치(痴)는 '지각(知覺)의 병'을 뜻한다. '지각 능력에 문제 있음(병)'을 뜻한다. 이렇게 한자는 한 글자에도 뜻이 있고, 두 글자면 충분하고, 네 자(四字)면 심오한 것도 100% 표현할 수 있다.

무명(無明)은 지혜가 없음, 무지를 가리키는데, 사실 무지하면 어떻게 할 수가 없다. 아무리 훌륭한 가르침을 일러 주어도 들으려고도, 믿으려고도 하지 않는다. 툴툴거리면서 불신한다. 고집이 센 사람은 한 수 더 뜬다. 왜 그럴까? 그 사람으로서는 이해할 수 없기 때문이다. 예나 지금이나 교육을 중시하는 것도, '배워야 한다', '어쩌구 저쩌구' 하는 것도 바로 이 때문이다.

불교에서는 중생이라면 누구나 다 깨달음을 이룰 수 있다고 한다. 그러나 무지하고 어리석으면 사실상 깨닫는다는 것은 불가능하다. 말귀를 알아듣지 못하는데, 부처님 말씀을 불신하는데 어떻게 깨닫는다는 것인가? 불교, 부처님께서 "무지와 무명, 어리석음에서 벗어나라."고 역설하시는 것도 이 때문이다. 무지와 무명이 지혜와 역행하기 때문이다. 중생이 미혹과 미망, 탐진치 등에 매달려 비인격적인 존재, 지혜롭지 못한 존재로 살아가고 있는 것도 바로 무지와 무명 때문이라고 할 수 있다.

필자가 오래전부터 불교 사자성어(佛教四字成語)를 쓰려고 한 것도, 이 사자성어를 통해서 삶의 방식, 또는 어떻게 사는 것이 바람직한가를 이야기해 보고자 해서다. 우리는 가능한 한 지혜로운 존재가 되어야 한다.

無明長夜　무명장야 　　　　　　　　　　　　　+ 한자 연습

無　없을 무. 없다.　　　　　　長　길 장. 길다.
明　밝을 명. 밝다, 밝히다.　　　夜　밤 야. 어두운 밤.

팔풍부동
(八風不動)

희로애락에 일희일비 하지 말라

"견고한 큰 바위가

폭풍에 흔들리지 않듯이,

현명한 사람은 칭찬이나

비난의 바람이 불어와도 흔들리지 않는다."

《법구경》(81).

인생, 삶에는 많은 바람이 불어온다. 순풍이 있는가
하면 역풍도 있고, 온풍이 있는가 하면 냉풍도 있다. 기쁨
이 있으면 슬픔도 있고, 좋은 일이 있으면 나쁜 일도 있다.
이와 같이 삶에는 희로애락이 교차한다.

팔풍부동(八風不動)은 희로애락 등 여덟 가지 바람에
흔들리지 않는다는 뜻이다. 《한산시》, 《종용록》, 《굉지어
록》 등 선어록에 나오는데, '팔풍취부동(八風吹不動)'이라고
도 한다.

팔풍(八風)은 칭찬(稱, 칭송)과 비난(譏, 비난·중상 모략),
낙(樂, 즐거움)과 괴로움(苦, 고통), 이익(利)과 손해(衰, 정신적·

육체적·경제적 손실), 명예(譽, 훌륭하다는 칭송)와 불명예(毁)를 말한다.

이 가운데 칭찬(稱), 낙(樂), 이익(利), 명예(譽) 이상 네 가지는 누구나 다 원하는 것이지만 비난(譏), 괴로움(苦, 고통), 손해(衰), 불명예(毁)는 원하는 것이 아니다. 그러나 이 팔풍은 이승과 이별하는 그날까지 싫든 좋든 함께할 수밖에 없다.

우리의 삶은 팔풍만큼이나 변화무쌍하다. 몇 년 동안 아파트와 주식시장에 불이 붙어서 영끌까지 동원했는데, 올해 들어 계속 내려가 거의 반토막이 났다. 올라갈 때는 극락이었는데 내려갈 때는 지옥, 암흑이다.

러시아의 시인 알렉산드르 푸시킨(Alexandr Pushkin. 1799년~1837)을 대표하는 시가 있다. '삶이 그대를 속일지라도'라고 하는 시인데 그 시에도 팔풍이 드러난다. 이렇게 좋은 시가 70년대에는 주로 싸구려 술집, 이발소, 다방 등에 걸려 있었다.

"삶이 그대를 속일지라도
슬퍼하거나 노여워하지 말라.
슬픔의 날을 참고 견디면
머지않아 기쁨의 날이 오리니
현재는 언제나 슬프고 괴로운 것.

마음은 언제나 미래에 사는 것.

그리고 또 지나간 것은

항상 그리워지는 법이니."

　　푸시킨의 시는 괴로움, 고난을 승화시키고 동시에 희망을 주는 시(詩)라고 할 수 있다. 남을 속이지 않고 진실한 삶을 산다면 당연히 그 결과도 좋아야 하겠지만, 삶이라는 것은 노력과 동행하지 않는 때가 굉장히 많다.

　　마음씨 착한 사람이 갖가지 고난을 겪는 경우도 있고, 나쁜 사람이 잘 먹고 잘 사는 경우도 있다. 학창시절 나를 괴롭히던 날라리가 텔레비전에 나와 인기를 얻기도 한다. 그러나 원망하지는 말아야 한다. 원망은 스스로 마음을 괴롭히고 홧병을 유발한다.

　　푸시킨은 매우 아름다운 시를 썼지만, 그는 정작 분노를 극복하지 못하고 38세의 젊은 나이로 죽었다.

　　사연은 이렇다. 그의 아내 나탈리아 곤차로바(1812~1863)는 미인이었다. 러시아의 사교계를 뒤흔들 정도로 아름다웠는데, 프랑스인 젊은 장교 당테스와 바람을 피웠다. 두 사람의 염문은 러시아 정치계, 외교계, 문학계를 떠들썩하게 했다.

　　이 사건으로 푸시킨은 자존심에 큰 상처를 입게 되었다. 증오심, 자존심, 배신감을 견디지 못하고 그는 당테스에게 공개 권총 결투를 요구했다. 둘은 광장에서 만났다. 서부 영화의 한 장면이 연출되었다.

결국 푸시킨은 치명적인 총상을 입고 쓰러졌다. 병원으로 옮겼으나 이틀 만에 죽었다. 악이 총에 맞고 쓰러져야 정의가 살아 있는 것이 되는데, 원통스럽게도 세상은 그렇지 못했다. (참고로 당테스는 이 사건 후 프랑스로 도망갔다고 한다.)

팔풍이 칠 때마다 우리의 마음은 일희일비한다. 희로애락에서 초연하게 살아갈 수 있는 방법은 없을까? 기쁜 일이 생겼다고 해서 너무 기뻐하지 말고, 슬픈 일이 있다고 해서 너무 슬퍼하지 말아야 한다. 기쁨이 넘치면 슬픔을 잉태하기 때문이다.

八風不動　팔풍부동　　　　　　　　　　+ 한자 연습

八　여덟 팔.　　　　　　　不　아니 불(부). 부정사.
風　바람 풍.　　　　　　　動　움직일 동.

◆ 출전:《한산시》

오온개공
(五蘊皆空)

인간은 공이다

'오온은 모두 공'이라는 뜻으로 《반야심경》에 나오는 사자성어다. 오온(五蘊)은 색(色)·수(受)·상(想)·행(行)·식(識)으로, 인간이라고 하는 존재를 구성하고 있는 다섯 가지 요소를 가리킨다. 그 다섯 가지가 모두 공하다는 것은 바로 '인간은 공이다'라는 말이기도 하다.

기원전 4세기 무렵, 고따마 붓다는 '인간'이라고 하는 존재에 대하여 심도 있게 탐구했다. '인간이라고 하는 존재는 어떤 존재인가?' 그 결과 인간은 색·수·상·행·식 다섯 가지로 구성되어 있다고 파악했다. 이것을 다시 통폐합하면, 육체(色)와 정신(수·상·행·식)으로 구분할 수 있다.

인간에 대한 이와 같은 예리한 분석은 과학 문명이 발달한 오늘날의 분석이 아니다. 기원전 4~5세기경의 분석으로, 특히 정신 기능을 수·상·행·식 네 가지로 나눈 것은 매우 정치한 분석이라고 할 수 있다. 이는 불교가 육체보다는 정신적인 면을 훨씬 더 중시했기 때문이라고 할 수 있다.

오온 가운데 색(色)은 우리 몸, 즉 육체를 가리키고, 수(受)는 희로애락 등을 느끼는 감수 기능을 말하고, 상(想)은 대상을 파악하는 기능이고, 행(行)은 의지 기능으로, 앞의 생각들을 진행하려고 하는 잠재적 형성력을 뜻하고, 식(識)은 식별, 판단, 인식 등 인지(認知) 기능을 말한다.

오온개공은 바로 '오온은 모두 실체가 없는 공한 존재'라는 뜻이다. 축구공이나 풍선처럼 외형만 있을 뿐 속이나 알맹이가 없는 빈껍데기 같은 존재라고 파악했다. 이 말은 곧 오온으로 구성된 인간은 '허망한 존재', '무상한 존재'이므로 자신에 대한 집착이나 에고(ego)를 버릴 때, 비로소 행복을 느낄 수 있다는 말이기도 하다.

우리는 자존심, 에고(ego), 소유욕, 애착, 탐욕 등 번뇌 때문에 많은 심적 고통을 겪는다. 이것이 인간을 괴롭히는 가장 큰 고통인데 모두 공한 것이라고 인식했을 때 비로소 애착과 집착, 괴로움과 고통에서 벗어날 수가 있다.

그리고 그 고통에서 벗어나는 것이 곧 해탈이고 니르바나이다. 이 니르바나(열반)는 부처님이 발견한 '마음 평온의 길', '행복의 길'이라고 할 수 있다.

우리는 죽으면 육체(色)는 흙이 되고, 정신 부분인 수·상·행·식은 뿔뿔이 흩어진다. 한 인격체였던 나는 죽음과 동시에 없어진다. 영원성을 담보하고 있는 것은 아무 것도 없다. 그래서 오온개공(五蘊皆空), 즉 인간이라고 하는 존재는 공한 존재인 것이다.

반야심경에는 "관자재보살이 본격적으로(깊이) 반야(지혜)바라밀다를 수행할 때에 오온이 모두 공하다는 사실을 관찰, 확인하고 나서 비로소 모든 고통과 괴로움(苦厄)에서 벗어나게 되었다(觀自在菩薩, 行深般若波羅蜜多時, 照見五蘊皆空, 度一切苦厄)."고 설하고 있다.

반야바라밀다의 수행이란 곧 '지혜를 닦는 수행'을 뜻하는데, '일체는 모두 공하다'는 사실을 확실하게 인식하는 것을 말한다.

오온개공과 일체개공(一切皆空, 일체는 공)의 차이점. 오온개공은 '나라고 하는 존재는 공'한 존재라는 뜻이고, 일체개공은 나를 포함한 모든 것은 다 공하다는 뜻이다.

五蘊皆空 오온개공   + 한자 연습

五 다섯 오.   皆 다 개. 모두.
蘊 쌓을 온. 축적.   空 빌 공. 텅 비다.

◆ 출전: 반야심경

자비무적
(慈悲無敵)

자비 앞에는 원수가 없다

"모든 중생이 안락하기를...

모든 중생이 평안하기를...

모든 중생이 행복하기를..."

《자비경(慈悲經)》

　　자비무적(慈悲無敵)은 '자비로우면 적이 없다'는 뜻이다. 비록 원한 관계, 경쟁 관계, 대척 관계에 있더라도 자비로운 마음으로 대하면 상대방도 결국 마음을 풀게 된다는 뜻이기도 하다.

　　앞 구절을 '자비송'이라고 하는데, 초기경전의 하나인 《자비경(慈悲經)》에 있는 구절이다. 빨리어로는 메타송(Metta, 자애, 자비)으로 매우 간절하다. 특히 "살아 있는 것은 그 어떤 것이든 모두 행복하여라."라는 말은 가슴 '찡'하게 하는 울림을 준다.

　　자비는 불교를 상징하는 말이다. '자(慈)'는 중생에게 기쁨과 즐거움을 주는 것이고, '비(悲)'는 중생을 불쌍히 여기는 것을 말한다. 즉 괴로움을 제거해 주고 기쁨을 준다는 뜻이다.

기쁜 일이 있을 때는 위로의 말이 그다지 필요가 없다. 적당히 축하한다는 말만 되풀이하면 되지만, 슬플 때 위로의 한마디는 용기와 희망을 준다.

자비는 타인을 불쌍하게 여기는 마음, 사랑하는 마음을 말한다. 이 '자비'의 개념에 대하여 독일 출신 아날라요 스님(1962~)은 《자비와 공》이라는 책에서, '연민', '연민의 마음'이라고 표현했다.

그는 '자비'라는 말의 개념이 매우 광활해서 보다 가슴에 와 닿는 말이 없을까 하고 고민한 끝에 찾은 단어가 '연민'이라고 말했는데, 자비의 의미를 잘 표현한 말이라고 생각한다.

공자는 《논어》에서 "인자불우(仁者不憂)"라고 했고, 맹자는 "인자무적(仁者無敵)"이라고 했다. "어진 사람은 근심, 걱정하지 않는다."는 뜻인데, 어진 사람은 남을 헐뜯지 않기 때문에 후회할 일도, 후환을 걱정할 것도 없다. 그리고 어진 사람은 모든 사람을 사랑하기 때문에 적도 없고[仁者無敵] 적으로 대하려고 하는 사람도 없다는 뜻이다.

일본 신사(神社)의 대부분은 승자가 만든 것이다. 전쟁에서 죽은 영혼을 위로하기 위하여 만들었는데, 후환이 두려웠기 때문이다. 그들의 혼이 구천을 떠돌면서 복수할 것이라는 우려, 그래서 그들의 영혼을 위로하고자 만든 사당이 신사이다.

《숫따니빠따》에도 감동적인 구절이 있다.

> "어떠한 생명체라도
> 약한 것이건, 강한 것이건,
> 큰 것이건, 중간 것이건,
> 미미하고 보잘것 없는 것일지라도."(146)

> "눈에 보이는 것이나, 보이지 않는 것이나,
> 멀리 있는 것이나, 가까이 있는 것이나,
> 이미 태어난 것이나, 앞으로 태어날 것이나,
> 살아 있는 모든 것들아,
> 부디 행복해져라."(147)

석지현 역《숫타니파타》

자비의 실천은 남을 괴롭히지 않는 것이다. 남을 공격하는 마음을 버려야 한다. 공격적인 마음이 분쟁과 싸움의 원인이 되기 때문이다. 축구나 권투에서는 공격이 최선의 방어라고 하지만, 그것은 승부를 건 경기이고, 인간 관계는 경기와는 다르다. 인간 관계는 배려와 양보가 최선이다. 배려와 양보를 할 줄 아는 자만이 최고에 오를 수 있다.

인간 관계는 매우 복잡하다. 어떤 모임이나 회의에서도 견해가 다르면 서서히 대척 관계가 형성된다. 특히 이해 관계가 얽히면 때론 일평생 불목(不睦)하는 관계가 되기도 한다.

慈悲無敵 자비무적   + 한자 연습

慈 사랑할 자.   無 없을 무.

悲 슬플 비. 슬픔, 비애.   敵 원수 적.

◆ 출전:《대반열반경》

선용기심
(善用其心)

마음을 착하게 쓰라

선용기심(善用其心)은 '마음을 잘 써야 한다'는 뜻으로 《화엄경》〈정행품(淨行品)〉에 나오는 사자성어다. 마음을 잘 쓰면 자신도 행복해지고 남도 사회도 모두 행복해진다는 뜻이다.

마음을 잘 쓴다는 것은 마음을 곱게 가지는 것을 말한다. 남을 헐뜯지 않는 것, 남의 단점을 들추지 않는 것, 남에 대하여 중상, 모략, 가짜뉴스, 악플 등을 하지 않는 것을 말한다. 반대로 마음을 잘 못 쓴다는 것은 중상, 모략 등 악행을 하는 것을 말한다.

우리나라 속담에 "사촌이 땅을 사면 배가 아프다."는 말이 있다. 사촌이 땅을 사면 당연히 좋아해야 하는데 오히려 '배가 아프다'고 하니, 이것은 의학적으로는 고칠 수 없는 병이다. 육체의 병은 고칠 수 있지만, 마음의 병은 그 누구도 고치지 못한다. 오직 부처님뿐이다.

"사촌이 땅을 사면 배가 아프다."는 말은 남이 잘되는 꼴을 못 봐주는 것을 비유한 말인데, 우리나라 사람들이 과연 속담대로 그런 것인지 궁금하다.

러시아의 한 농부가 밭을 갈다가 마법 램프를 하나 발견했다. 램프를 만졌더니 홀연히 한 정령이 나타나 "당신에게 딱 한 가지 소원을 들어줄 터이니 말해 보라."고 하였다. 농부는 곰곰이 생각하다가 "이웃집에 소가 한 마리 있는데, 그 소가 지금 죽어버렸으면 좋겠다."고 하였다. 사촌이 땅을 사면 배가 아프다는 속담과 조금도 다를 게 없다.

독립운동가이자 교육자인 도산 안창호 선생은 "우리나라에 훌륭한 지도자가 세워지지 않는 것은 인물이 없기 때문이 아니고 시기와 질투로 지도자가 될 만한 인물을 넘어뜨리기 때문"이라고 말했다고 하는데, 대체로 시기·질투는 부정적인 결과를 가져오지만, 한편으로는 선의의 경쟁심을 유발해서 기술이나 상품 개발 등 긍정적인 효과를 가져오기도 한다.

시기와 질투는 인간의 원초적인 감정이다. 남이 잘나가면 상대적으로 불안하기 때문인데, 3~4세 어린아이에게도 있고, 90세 노인에게도 있다.

인간의 마음은 선과 악을 동시에 가지고 있다. 그러므로 마음을 잘 쓰면 선(善)해지고 잘못 쓰면 악해질 수밖에 없다.

착한 마음, 선심(善心)은 자신은 물론 사회를 행복하게 한다. 그러나 나쁜 마음, 악심은 사회를 불안하게 만든다. 마음을 착하게 갖는 것, 그것이 바로 '마음 수행', '마음 치유'이다.

善用其心 선용기심	+ 한자 연습

善 착할 선.	其 그 기. 그곳. 지시대명사.
用 쓸 용. 사용하다.	心 마음 심. 마음. 중심. 핵심.

◆ 출전:《화엄경》〈정행품(淨行品)〉

심여화사
(心如畵師)

마음은 그림을 그리는
화가와 같다

"이 마음은 화가와 같아서

마음대로 세간의 모든 것(世間相)을 그려 낸다.

색수상행식 오온도 모두 마음이 만든 것,

마음은 그 무엇도 만들지 못하는 것이 없네."

(心如工畵師, 能畵諸世間, 五蘊實從生, 無法而不造).

《화엄경》

심여화사(心如畵師)는 '우리의 이 마음은 그림을 그리는 화가와 같다'는 뜻이다. 《화엄경》에 나오는 사자성어로, 모든 것은 마음이 만든다고 하는 일체유심조(一切唯心造)와 같은 말이다.

마음은 모양이 없다(無形). 모양이 없기 때문에 모든 것을 만들 수가 있다. 지옥도 극락도 만들고, 행복과 불행도, 기쁨과 슬픔도 만든다. 그리고 미혹한 중생도 이 마음이 만든 것이고, 위대한 부처도 이 마음이 만들어 낸 작품이다.

화가는 백지 위에 마음대로 그림을 그린다. 채색으로 물들인 행복한 그림을 그리기도 하고, 우울한 그림, 슬픈 그림을 그리기도 한다. 화가가 마음대로 그림을 그리듯, 우울한 모드로 가면 슬픈 날이 되고, 밝은 모드로 가면 즐거운 날이 된다.

우리는 똑같은 상황 속에서도 불우하다고 생각하는 사람이 있는가 하면, 그 정도면 괜찮다고 생각하는 사람이 있다. 모든 현상은 어떻게 생각하느냐에 따라 달라진다. 부정적으로 보면 눈앞에 보이는 모든 것이 증오의 대상이 된다. 따라서 긍정적인 시각으로 보아야 한다. 뒤틀어서 보면 모두가 증오의 대상이 되기 때문이다.

《오체불만족》이라는 책의 저자 '오토타케 히로타다'는 하체가 없는 사람이다. 그러나 스포츠도 즐기고 글도 쓰고, 또 자신이 살아온 이야기를 쓴 책이 베스트셀러가 되는 바람에 인기 스타가 되어 광고 모델로도 활동하였다. 오체가 불만족스럽지만, 적극적으로 자기의 인생을 개척하면서 살아가고 있는 모습은 타인에게 용기를 준다.

우리나라 속담에 "사람의 마음은 하루에도 열두 번도 더 변한다."고 한다. 미국의 어느 심리학자의 연구에 의하면, 우리의 마음은 미세하게는 하루에 만 번 정도 변한다고 한다. 음식을 먹으면서도 '이것을 먼저 먹을까? 저것을 먼저 먹을까?' 등등.

《화엄경》에서는 "우리의 이 한마음(번뇌 망상 등)이 일어나면 일체 모든 현상도 일어나고, 한마음(번뇌)이 사라지면 일체 모든 현상도 없어진다(心生則 種種法生, 心滅則 種種法滅)."고 하였는데, 마음이 괴롭고 복잡하면 새소리도 시끄럽게 들린다. 만사가 귀찮아진다. 그러나 마음이 편안하면 모든 것이 아름답게 보인다. 괴로움도, 슬픔도 모두 마음의 소산이다.

《대승기신론》에는 중생의 이 마음속에는 '부처의 마음과 중생의 마음(심진여문, 심생멸문)', 두 가지가 공존한다고 하였다.

그 가운데서 어떤 마음을 선택하느냐에 따라 미망 속을 방황하는 중생이 되기도 하고, 깨달은 부처가 되기도 한다. 행복과 불행의 80%는 그대의 마음 먹기에 달려 있다. 일체유심조.

心如畫師 심여화사   + 한자 연습

心 마음 심.   畫 그림 화.
如 같을 여.   師 스승 사.

◆ 출전:《화엄경》〈야마천궁보살설게품〉

이참사참

(理懺事懺)

진실한 참회

러시아의 문호 톨스토이(1828~1910)의 《참회록》이 있다. 자신의 젊은 날을 참회, 반성한 책인데, 50세의 나이에 접어든 어느 날 문득 자신이 살아온 날을 뒤돌아보니, 너무나 나쁜 삶을 살아왔다는 생각이 들었다. 기만·절도·폭력·살인·간음·노름, 그리고 죄 없는 사람을 죽이는 데 가담하는 등 하지 않은 악행이 없었다. "오, 도대체 내가 어떻게 이런 삶을 살아왔단 말인가?" 그는 깊은 죄의식에서 벗어날 수 없었다.

톨스토이는 《참회록》에서 이렇게 쓰고 있다.

"공포와 혐오와 아픔을 느끼지 않고는 나는 그 시절을 회상할 수가 없다. 나는 전쟁에서 많은 사람을 죽였다. 죽이기 위해서 남에게 결투도 신청했다. 노름 때문에 돈을 크게 탕진한 적도 있다. 농부들이 땀 흘려 수확한 것을 무위도식하면서도 그들을 저버렸다. 간음도 했고 거짓말도 했다. 기만,

절도, 폭행, 만취, 살인 등 내가 저지르지 않은 죄악은 거의 없었던 것 같다."

그는 오열했다. "나는 무엇 때문에 사는가? 나는 어디에서 왔고, 어디로 가는 것인가?" 그는 반성과 성찰을 거듭했다. 양심이 심장을 관통했다.

톨스토이는 새로운 삶을 살기로 결심했다. 그리하여 30년이 넘도록 '바르게 살기', '참되게 살기'에 올인했다. 그 결과 많은 명작을 남기게 되었는데, 그의《참회록》은 아우구스티누스의《고백록》, 루소의《참회록》과 함께 세계 3대 참회고백록이다.

참회는 스스로 자신을 정화하는 기능이다. 참회는 곧 반성으로 철저한 자기비판과 성찰에서 출발한다. 참회, 뉘우침은 오직 인간만이 가지고 있는 지성적인 행위이자 특성이다.

이참사참(理懺事懺)은 마음으로도 참회[理懺]하고, 육체·행동으로도 참회[事懺]하는 것을 말한다. 참회에 대한 명확한 정의인데, 불살생, 불망어 등 중대한 계율을 범하거나, 또는 윤리 도덕적으로 잘못한 점이 있다면 심신(心身)이 하나가 되어 참회해야만 진정한 참회라는 것이다.

고대 인도 불교에는 '포살(布薩)'이라고 하는 참회의식이 있었다. 한 달에 두 번 보름날(15일)과 그믐날(30일)에, 모든 대중들이 모여 계율을 한 조목씩 한 조목씩 외우면서, 이 계율을 어긴 적이 있는 사람은 대중 앞에 나와서 고백, 참회하는 의식이었다. 정기적으로 계율을 낭송함으로써 계를 지키기 위한 것, 계율에 의한 생활을 하기 위한 것이었다.

또 '자자(自恣)'라고 하여 하안거를 마치는 전날 저녁에 대중들이 모두 모여 그동안 자신의 언행 가운데 잘못한 것이 있는지 묻고, 잘못이 있다면 그 잘못을 뉘우치고 반성하는 의식이 있었다. 먼저 스스로 잘못을 고백하기도 하고 또 모인 대중들이 지적해 주기도 했다.

포살이나 자자는 모두 다 공개적인 참회의식이었는데, 이것을 통하여 정직과 협동 정신을 기르는 한편, 스스로 자신의 행동을 성찰, 반성함으로써 보다 훌륭한 인격을 갖출 수가 있었다.

참회와 반성은 양심적·지성적이어야 가능하다. 반성할 줄 모르면 훌륭한 인격을 이루기 어렵다. 초기 인도 불교 교단에 이런 제도가 있었다는 것은 매우 지성적인 집단이었음을 짐작케 하는 사례라고 할 수 있다.

참회는 자신의 잘못을 깨닫고 깊이 뉘우치는 것으로, 우리나라에서는 주로 부처님 앞에 108배를 하는 백팔참회법이 있다. 또 3천 배도 있는데, 이것이 사참(事懺)의 하나이다.

정화조·정수기가 필터를 통하여 오염물을 정화하듯이, 108배 필터를 통하여 자신의 잘못을 뉘우치고 반성, 성찰한다. 참회를 통하여 증오·질투 등 좋지 못한 생각들이 정화된다고 할 수 있다.

理懺事懺 이참사참   + 한자 연습

理 이치 이.   事 일 사.
懺 뉘우칠 참.   懺 뉘우칠 참.

◆ 출전:《계초심학인문》

애별리고
(愛別離苦)

사랑과 이별의 고통

"님은 갔습니다.

아아, 사랑하는 나의 님은 갔습니다.

푸른 산빛을 깨치고 단풍나무 숲을 향하여 난 작은 길을 걸어서 차마 떨치고 갔습니다.

(……)

우리는 만날 때에 떠날 것을 염려하는 것과 같이

떠날 때에 다시 만날 것을 믿습니다.

아아, 님은 갔지마는 나는 님을 보내지 아니하였습니다."

만해 한용운 '님의 침묵'

사랑하는 사람과의 헤어짐, 이별의 고통을 애별리고 (愛別離苦)라고 한다. 작별(作別), 사별(死別), 생이별(生離別), 영결(永訣) 등에도 애별리고가 스며 있다.

작별은 짧은 헤어짐을 말하고, 사별은 부부간에 한쪽이 죽게 됨으로 인한 부득이한 이별이고, 생이별은 자식이나 부부가 어쩔 수 없는 사정으로 인한 기약 없는 이별이고, 영결은 산 사람과 죽은 사람의 영원한 이별을 가리킨다.

우리는 살아가면서 많은 만남과 이별을 겪는다. 친구, 연인, 부부, 부모 자식 간의 이별 등. 인생은 만남과 이별의 연속이라고 할 수 있다. 한편 우리는 이별을 통해서 보다 성숙한 인간이 되기도 한다.

이별을 하는 데는 성격, 문화 차이, 인적 환경 등 여러 가지 요인이 있다. 하지만 대부분은 의견 충돌, 양보·이해·배려 부족, 에고(ego), 자존심 지키기 등 사소한 데서 출발한다. 연애할 때처럼 양보하고 배려한다면 이별은 하지 않을 수도 있을 것이다.

그러나 때론 속 시원한 이별도 있다. 검은 머리가 파 뿌리가 되도록 싸우는 부부, 술주정뱅이, 사치, 허영, 바람둥이와의 이별이다.

죽음은 영원한 이별이다. 그러나 죽음이라는 현실을 겪으면서 새로운 삶을 살기도 한다. '이별'이라는 아픔을 통하여 굴절하지 않고 보다 맑고 풍부한 인생을 만들어 갈 수가 있기 때문이다. 그것이 이별을 아름다움으로 승화시키는 방법일 것이다.

조선 중기 여류 시인 이옥봉의 애절한 시가 하나 있다.

"만약 꿈속의 영혼,
그 발자욱을 남길 수 있다면,

그대 문 앞의 돌길,

반은 모래가 되었으리."

이옥봉(1552?~1592?)은 허난설헌에 비견되는 조선의 여류시인이다. 그대 문앞 돌길, 반은 닳아서 모래가 되었을 것이라는 표현은 시사(詩史)에서도 드문 표현이다.

얼마 전 슈퍼마켓에 갔더니 "맨날 말로만 하지 말고 우리 진짜 한번 헤어져 보자."라는 노랫말이 흘러나왔다. 들을수록 재미가 있었다. 요즘은 낭만적인 헤어짐도 있는 것 같았다.

과거에는 헤어진다는 것이 참 어려웠다. 특히 여성들은 헤어질 때 눈이 통통 붓고 울고불고 난리가 났었는데, 요즘은 '쿨'하게 헤어지는 것 같다. 애별리고는 순애보 시대에 유행했던 문학적인 이야기가 되어 가고 있다.

만난 자는 헤어지게 된다. 그것은 존재의 법칙이다. 그러므로 너무 슬퍼하지 말라. 인생은 100년이지만, 삶은 천년이다.

愛別離苦 애별리고   + 한자 연습

愛 사랑 애.   離 떠날 리.
別 이별 별.   苦 괴로울 고. 고통.

제행무상
(諸行無常)

모든 존재는 영원할 수 없다

"모든 것은 무상하나니,

이것이 곧 생과 멸의 법칙이니라.

(諸行無常 是生滅法)."

가을이다. 낙엽이 지면 왠지 허무해지고 쓸쓸해진다. 가을병이 심한 사람은 가슴에 구멍이 뚫린다.

제행무상은 《법구경》 등 여러 경전에 나오는 말로, '모든 것은 영원하지 않다'는 뜻이다. '존재의 무상함' 또는 '불교적 세계관'을 나타내는 사자성어라고 할 수 있다.

모든 현상은 변한다. 그대로 있는 것은 하나도 없다(無常). 봄이 되면 꽃이 피고 가을이 되면 낙엽이 지듯, 인간을 비롯한 모든 존재는 생로병사의 과정을 거쳐 공으로 돌아간다.

특히 노후 과정, 노(老), 병(病), 사(死)의 과정은 너무나도 길고, 때론 슬프기도 해서 뭐라 말하기도 어렵다. 한마디로 일체개고(一切皆苦), 그것이다. 여기에서 벗어나는 것이 최대 과제이고 행복이라고 할 수 있다.

불교에서는 고(苦), 괴로움의 원인은 무상하기 때문이라고 한다. 자신의 모습이 20대처럼 정지된 상태로 그대로 있다면 행복하련만, 변하기 때문에 달라지기 때문에 괴로움이 발생한다.

또 괴로움이 발생하는 것은 과욕 때문에, 욕망이 지나치기 때문이다. 욕망을 갖되 자기 분수에 맞게 가지면 되는데, 꼭 명품 가방을 들고 다녀야 하고, 벤츠 등 외제차를 타고 다녀야 한다면 그는 참으로 우치(愚癡)한 사람이다, 행복한 삶을 살기 어려울 것이다.

그래도 나는 뱁새처럼 살고 싶지는 않고 황새 근처에서라도 살고 싶다면 가랑이가 찢어지는 고통쯤은 감내해야 한다. 이 세상에 공짜가 어디 있다던가? 벤츠가 그대의 삶과 인생을 대표하는 것도, 그대의 모든 것도 아니다. 부처님께서 삼독 가운데 치(痴, 무지 어리석음)를 넣은 것은 다 계획이 있었기 때문이다.

초기 빨리어 경전인《대반열반경(마하빠리닙바나 수뜨라)》에는 붓다의 입멸(열반) 모습이 생생하게 기록되어 있는데, 입멸(죽음)을 눈앞에 두고 아난다 등 제자들에게 다음과 같이 말씀하셨다.

"비구들이여,

존재하는 모든 것은 쓰러져 가는 것(제행무상),
방일하지 말고 열심히 정진하여라."

"비구들이여!
너희들은 너 자신을 의지할 뿐
타인을 의지하지 말라."

대승경전 속에 있는 《대반열반경》에는 과거 전생에 부처님께서 '제행무상'이라는 시구 하나를 듣기 위하여 나찰이라고 하는 귀신에게 육체를 보시했다는 이야기가 있다. '설산동자(붓다) 반게살신(雪山童子 半偈殺身)' 설화이다.

고따마 싯다르타가 히말라야로 들어가 수행하고 있던 어느 날 하늘에서 이상야릇한 귀신의 소리가 들려왔다.
"제행무상 시생멸법(諸行無常 是生滅法).
모든 것은 무상하나니, 이것이 곧 생과 멸의 법칙이니라."
30대의 젊은 붓다는 심쿵했다. 사방을 둘러보아도 아무도 없고, 오직 나찰만 있었다. 나찰은 사람의 피를 먹고 사는 귀신, 흡혈귀이다. 고따마 싯다르타는 그에게 물었다.
"조금 전에 그대가 '제행무상 시생멸법'이라는 게송(시)을 읊었소?"

"그렇소. 내가 읊었소."

"그러면 그 나머지 구절을 들려줄 수 있겠소."

나찰이 말했다.

"들려줄 수 있지만, 나는 지금 너무 배가 고파서 말을 할 수가 없소. 그러니 그대의 몸을 준다면 나머지 시구를 들려줄 수 있소."

싯다르타는 높은 나무 위로 올라갔다.

"자, 내 몸을 줄 터이니 나머지 게송(半偈)을 들려 주시오."

그때 나찰의 목소리가 들려왔다.

"생멸멸이(生滅滅已) 적멸위락(寂滅爲樂).

생멸이 끝나면 고요한 열반의 경지, 그것이 최고의 낙(樂)이라네."

고따마 싯다르타는 약속대로 투신했다. 그 순간 나찰은 천신(제석천)으로 변하여 붓다의 몸을 받았다. 천만다행이었다.

필자가 열세 살 때 어머니로부터 이 이야기를 들을 때는 '정말 석가모니가 저 높은 나무 위에서 몸을 던질 것인가?'라는 생각에 초긴장했다(어렸을 때는 모든 이야기를 사실로 믿으므로). 그런데 나찰이 천신으로 변하여 부처님의 몸을 받았다는 대목에서, 무어라고 할까? '역시 성인(聖人)

은 천신, 귀신도 알아보는구나' 하는 생각이 들었다.

　"제행무상(諸行無常) 시생멸법(是生滅法)"은 존재의 법칙을 말한 것이고, 그리고 "생멸멸이(生滅滅已) 적멸위락(寂滅爲樂)"은 번뇌의 소멸을 말한 것이라고 할 수 있다. 번뇌의 기멸(起滅)이 끝나면 마음이 평온해지고, 그것이 곧 최고의 낙, 영원한 낙이라는 의미이다.

諸行無常　제행무상　　　　　　　　　　＋ 한자 연습

諸　모든 제. 모두.　　　　　無　없을 무. 없다.

行　갈 행. 다니다.　　　　　常　항상 상.

◆ 출전: 《법구경》, 한역 《대반열반경》

원증회고

(怨憎會苦)

싫은 자와 만나야 하는 운명

"그는 나를 욕하고 그는 나를 때렸다.
그는 나를 이겼고 그는 내 것을 앗아갔다.
이렇게 생각하고 있는 사람은
영원히 증오심에서 벗어날 수가 없다.

미움은 미움으로 정복되지 않나니
미움은 오직 사랑으로만 정복되나니
이것은 영원한 진리이다."

《법구경 3-5》

살다 보면 만나기 싫어도 어쩔 수 없이 만나게 되는 관계가 있다. 하필이면 피할 수도 없는 곳에서 만나게 된다면 순간 매우 당황할 것이다.

원증회고(怨憎會苦)는 증오 관계, 대적·앙숙 관계인 사람과 만나게 되는 데서 겪는 괴로움을 말한다. 보기 싫은데 만날 수밖에 없는 운명, 주로 직장 상사나 선후배, 또는 모임이나 단체 등에서 벌어지는데, 그런 관계를 '원증회고(怨憎會苦)'라고 한다.

인간 관계는 참 어렵다. 일본 근대 문학의 선구자였던 나츠메 소세키(夏目漱石, 1867~1916)는 그의 수필집《초침(草枕, 풀베개)》첫 페이지에서 이렇게 쓰고 있다.

"이지(理知)에 치우치면 모가 난다. 정(情)에 휩쓸리면 낙오하게 된다. 고집을 부리면 외로워진다. 아무튼 인간 세상은 살기 어렵다."

이지적이면 까칠해지고, 정적(情的)이면 감정에 휩쓸려 자칫 낙오하게 된다. 중도를 택해야 하지만, 중도는 한쪽에 치우치는 것보다도 더 어렵다.

한번 불편한 관계가 형성되면 쉽게 풀리지 않는다. 그 상대가 직장이나 학교 선배, 또는 윗사람일 경우는 더욱 난감해 진다. 보기 싫어도 만날 수밖에 없는 관계는 때론 운명이기도 하다. 그렇다고 좋은 것이 좋다고 무색무취하게 살아갈 수도 없다. 적정선을 찾기가 어렵다.

원증 관계, 대척 관계의 대부분은 소소한 데서 발단하는 경우가 많다. 지나친 농담, 까칠한 말, 빈정대는 말 등 부주의한 말 한마디에서 서서히 금이 가기 시작한다. 따라서 이런 관계가 형성되지 않도록 언행에 주의하는 것이 삶의 지혜이다.

얼마 전 식구 네 명이 앉아서 아이들 교육 이야기를 하고 있는데 목청이 좀 높았는지, 옆에 앉아 있던 다섯 살짜리 손자 녀석이 "싸우는 거야?" 하고 묻는 것이었다. '저 아이가 왜 저런 말을 할까' 하고 생각해 보니, 대화의 목청이 높아서였다. 다섯 살짜리에게는 싸우는 것으로 보였던 것이다. 다섯 살짜리에게 배운 교훈이다.

우리는 흔히 남을 탓한다. 상대방에게만 문제가 있고, 나에게는 문제가 없다고 생각한다. 그러나 자기 자신에게는 문제가 없는지 반성, 성찰해 본다면 문제는 해결될 수 있을 것이다.

앞에서 인용한 《법구경》의 싯구와 같이, 미움(증오)은 미움으로는 정복할 수 없고, 사랑으로만 정복할 수 있다. 그러나 그것은 말로는 가능하지만 실제로는 참으로 어려운 일이다. 싫은 사람, 증오의 대상에게 사랑스러운 마음을 갖는다는 것은 관세음보살이나 부처님 같은 분이나 가능한 일이다.

원한 관계를 사랑으로 풀자면 무엇보다도 하심을 해야 하고, 또 대단한 자비심, 인내심이 있어야 한다. 자신이 먼저 손을 내밀어야 하는데, 자존심 때문에 쉬운 일이 아니다. 물론 먼저 손을 내민다면 그는 정말 훌륭한 인격자라고 할 수 있다. 그는 세상을 얻을 수 있고, 천하를 얻을 수 있을 것이다.

일본 도쿄에서 열차로 한 시간 남짓 거리에 가마쿠라(鎌倉)라는 소도시가 있다. 수국으로 유명한 곳인데, 특히 메이게츠인(明月院), 하세테라(長谷寺), 엔가쿠지(圓覺寺) 등은 6월 중순이 되면 수국 인파로 길이 미어 터진다. 덧붙인다면 가마쿠라는 도시 전체가 박물관, 미술관, 사찰, 극락세계라고 해도 과언이 아니다. 빚을 내서라도 한번은 가 볼 만한 곳이다.

엔가쿠지(圓覺寺) 앞 철길 건너편에 부부의 악연을 끊어주는 곳으로 유명한 비구니 사찰 '도케이지(東慶寺)'가 있다. 13세기 말 가마쿠라 막부의 제8대 싯켄(執權, 쇼군의 섭정)인 호조 도키무네(北条時宗, 1251~1284)가 죽자 그의 아내는 비구니가 되어 남편이 묻혀 있는 이곳에 절을 창건하고 명복을 빌면서 여생을 마쳤다.

도케이지(東慶寺)는 과거 에도시대(江戶時代. 도쿠카와 막부시대. 1603~1867)에는 남편들에게 학대받던 여성들의 유일한 해방구였다.

당시 일본 여성들에게는 이혼할 수 있는 권리가 없었다. 남자가 이혼해 주지 않으면 갖가지 학대를 받으면서도 살 수밖에 없었다(과거 우리나라도 비슷한 데가 있다). 벗어나는 길은 오로지 하나 도케이지(東慶寺)로 도망치는 것밖에 없었다.

도케이지는 '부부의 악연을 끊어주는 절'이라고 하여 '연절사(緣切寺)'라고도 하는데, 남편의 학대로부터 도망쳐 들어오는 여성들에 대해서는 절대적으로 신변 보호를 해 주었다. 반면 남자들은 도케이지의 허락 없이는 그 누구도 경내에 발을 들여놓을 수 없었다. 유일한 여성 해방구로서 에도 막부가 부여한 절대적 권한이었다.

　남편의 학대를 못 이겨 도망해 온 여성이 여기서 3년을 지내면 이혼할 수 있는 권리가 주어졌는데, 그렇다고 무조건 여성 편만 드는 것은 아니었다. 나름대로 '연절사법(緣切寺法, 부부의 인연을 끊어주는 사찰법)'이라는 이혼법을 만들어 심리했다. 또 이혼을 심리할 때는 남편도 불러서 진술을 받는 등 합법적인 절차를 거쳤지만, 여성이 신청한 이혼은 99% 성립되었다.

　그런데 가장 큰 문제는 어떻게 남편에게 붙잡히지 않고 무사히 도케이지(東慶寺) 정문, 대문 문지방을 통과하느냐였다. 정문을 넘지 못하고 남편에게 붙잡히면 다시 끌려가야만 했다.

　코앞에서 비극이 벌어져도 도케이지로서는 속수무책이었다. 악랄한 남편들은 아내가 도케이지로 도망갈 것을 예측하고는 미리 사찰 입구 부근에서 잠복하는 경우도 많았다고 한다.

　그러자 도케이지 측에서는 약한 여성들을 보호하기 위

하여 개정 신법(新法)을 만들었다. 신발 한 짝만이라도 대문 안으로 던져 넣으면 들어온 것으로 인정한다는 것이다.

그래서 여성들은 몰래 잠복하고 있던 남편이 쫓아오면 죽을 힘을 다해서 신발 한 짝을 벗어서 도케이지 정문을 향해 던졌다. 원증회고가 끝나는 지긋지긋한 순간이었다.

도케이지로 들어온 여성들은 모두 비구니 스님으로 여생을 마쳤다. 그것이 악당 같은 사내놈들과 사는 것보다 더 행복이었고 극락이었다.

怨憎會苦 원증회고   + 한자 연습

怨 원망할 원.   會 모일 회. 모이다, 만나다.
憎 미워할 증. 증오하다.   苦 쓸 고. 고통, 괴로워하다.

◆ 출전: 한역《대반열반경》

삼계화택
(三界火宅)

세상은 불타고 있는 집이다

삼계(중생의 세계)가 마치 불타는 집 속에 있는 것과 같다는 말이다. 욕망의 화염, 번뇌의 화염이 가득 찬 이 세계를 비유적으로 가리키는 말이 삼계화택(三界火宅)이다.

삼계화택은 《법화경》〈방편품〉에 나오는 사자성어이다. '삼계무안 유여화택(三界無安, 猶如火宅)'에서 줄인 말로 우리가 살고 있는 이 세계(삼계; 욕계, 색계, 무색계)는 언제 어느 때 욕망의 화염이 덮칠지 모를 불안한 곳이므로 하루라도 속히 빨리 그 집에서 나오라(해탈)는 뜻이다.

《법화경》에는 유명한 일곱 가지 비유가 있다. 그것을 '법화칠유(法華七喩)'라고 한다. 그 가운데 하나가 이 '화택의 비유'인데, 중생들(인간)은 탐욕을 멀리하라고 말해도 소(牛) 귀에 경 읽기이므로, 이솝 우화 같은 이야기를 만들어서 깨닫게 한 것이다. 그것을 방편(교화 수단)이라고 하는데, 욕망의 불 속에서 벗어나게 하고자 한 것이다.

다음은 삼계화택의 스토리이다.

큰 부호가 있었다. 오늘날로 말하면 대기업 회장으로 거대한 저택에 살고 있었다. 그런데 어느 날 원인을 알 수 없는 불이 나서 커다란 저택이 화염에 휩싸였다. 아버지는 불난 저택에서 급히 빠져나와 목숨을 구했으나, 10여 명이나 되는 아들들은 불이 난 줄도 모르고 게임놀이에 정신이 팔려 있었다. 불이 났으니 빨리 나오라고 소리를 쳐도 놀고만 있었다.

아버지는 순간 기발한 아이디어를 하나 생각했다. 아들들이 좋아하는 스포츠카 장난감을 들고 소리쳤다.

"얘들아, 얼른 나오너라. 누구든지 빨리 나오면 이와 똑같은 스포츠카를 하나씩 주겠다. 양이 *끄는* 스포츠카[羊車], 사슴이 *끄는* 스포츠카[鹿車], 소가 *끄는* 스포츠카[牛車], 이렇게 세 종류나 있다."

아버지의 유혹에 아들들(중생들)은 신이 나서 너도나도 앞을 다투어 불타는 집에서 뛰어나왔다. 아버지는 긴 안도의 한숨을 내쉬었다.

어린 아들들은 나오자마자 아버지에게 양이 *끄는* 스포츠카[羊車], 사슴이 *끄는* 스포츠카[鹿車], 소가 *끄는* 스포츠카[牛車]를 달라고 졸랐다. 공약을 속히 이행하라는 것이었다.

아버지는 아이들을 구한 것에 너무 기뻐서 약속한 것보다도 훨씬 더 좋은 하얀 최고급 스포츠카인 백우거(白牛車)를 하나씩 주었다.

이상이 불난 집의 스토리를 각색한 것인데, 여기서 불난 집은 우리가 살고 있는 이 세상을 가리키고 아버지는 부처님을, 아이들은 어리석은 중생을 가리킨다.

이 세계(삼계)는 욕망의 불이 훨훨 타오르고 있는 집과 같다. 우리는 그 집에서 살고 있는 철모르는 아이들이다. 부처님께서는 이 철부지들을 화택(火宅)에서 벗어나게 하는 방법으로 먼저 성문승, 연각승, 보살승이라는 세 개의 스포츠카를 설하셨고, 마지막으로 일불승이라는 최고의 스포츠카를 설하셨다.

양이 끄는 수레인 양거(羊車)는 성문승(聲聞乘)을 가리키고, 사슴이 끄는 수레인 녹거(鹿車)는 연각승(緣覺乘)을 가리키고, 소가 끄는 수레인 우거(牛車)는 보살승(菩薩乘)을 가리킨다.

그리고 가장 멋있는 흰 소가 끄는 수레인 백우거(白牛車)는 최고의 가르침인 일승(一乘) 일불승(一佛乘)을 가리킨다. 그 뜻은 삼승에서 일승으로 가야 한다는 뜻이다. 좀 어려운 내용인데, 이것은 사실 대승불교에서 자기들의 우월성을 강조하기 위하여 만든 것이라고 할 수 있다.

과시, 욕망, 시기, 질투, 그리고 치열한 경쟁 속에서 살아가고 있는 이 세상은 화택(火宅)이나 다름없다. 특히 우리나라는 체면주의, 허세, 허영이 상당히 심해서 1등만 강조하고 2등, 3등은 도외시한다. 그러나 2등, 3등도 가치 있는 훌륭한 삶을 살고 있다.

외제 자동차를 타고 다녀야 1등이고, 루이비통 가방을 들고 다녀야 1등의 삶이라고 생각한다면, 그건 천박한 자본주의자들의 가치관이다. 골 빈 자들의 허세, 허영이다.

욕망과 허영의 화택에서 벗어나 행복한 삶을 살고자 한다면 과욕하지 말아야 한다. 욕망이 전혀 없어서도 안 되지만 과욕하면 인생을 망친다. 금수저를 부러워하지도 말고, 흑수저라고 자신을 비관하지도 말라. 그것은 자기 학대로 어리석은 자의 행동이다.

천재나 수재는 성공하지 못하는 경우가 있지만 노력하는 자는 반드시 성공한다. 토끼와 거북이가 경주를 했는데 누가 이겼을까?

◆ 참고: 삼계는 중생이 살아가고 있는 이 세계를 통칭하는 말로 욕계(欲界)·색계(色界)·무색계(無色界)를 가리킨다.(욕계, 색계, 무색계에 대한 구체적인 설명은 생략).

三界火宅 삼계화택   + 한자연습

三 석 삼. 셋.   火 불 화. 불.
界 지경 계. 경계, 세계.   宅 집 택.

◆ 출전:《법화경》〈방편품〉

만법귀일
(萬法歸一)

모든 것은 하나로 돌아간다

"모든 존재는 하나로 귀착된다.

그렇다면

그 하나는 어디로 귀착되는가?"

(萬法歸一, 一歸何處)

'모든 존재는 하나로 돌아간다. 그렇다면 그 하나는 어디로 돌아가는가'라고 하는 주제는 삶과 죽음, 존재 속에서 살아가고 있는 사람이라면 누구나 한 번쯤은 생각해 본 주제일 것이다.

조주 선사(趙州從諗, 778~897)는 선기지혜(禪機智慧)가 번쩍거리는 선승이다. 그래서 그의 선을 일명 구순피선(口脣皮禪, 언어가 번쩍)이라고 하는데, 특히 낚시 솜씨가 각별해서 깊은 산속에 '끽다거'라는 무허가 찻집을 하나 차려 놓고 수많은 참선 수행자를 낚아 올렸다. 중생의 세계에서 부처의 세계, 열반의 세계로⋯.

천 년 전 한 수행승이 조주 선사에게 질문했다.

"만법귀일 일귀하처(萬法歸一, 一歸何處)?"
"만법(萬法)은 하나로 돌아간다고 하는데, 그렇다면 그 하나는 어디로 돌아갑니까?"

만법(萬法)은 삼라만상과 동의어로 인간을 포함한 모든 것, 모든 존재를 가리킨다. 귀일(歸一)의 일(一)은 귀결처, 즉 종착지를 가리킨다.

인간을 비롯한 모든 존재는 어디로 돌아가는 것일까? 제행무상, 일체개공이므로 모든 존재는 '공(空)', '무(無)'로 돌아간다고 할 수 있다. 그것이 존재의 법칙이기도 하다.

여기까지가 이 화두의 1차 관문이라고 할 수 있다. 2차 관문은 일귀하처(一歸何處), 즉 '그 하나(空, 無)는 어디로 돌아가는가'이다. 참고로 2차 관문인 일귀하처는 조주 선사의 말이 아니고, 질문자인 수행승의 말이다.

《대승기신론》의 관점에서 해석하면 일귀하처의 일(一)은 일심(一心) 즉 우리의 마음을 가리킨다. 또《화엄경》에서는 만법유식(萬法唯識)이라고 하여 "모든 존재는 오직 심식(心識), 즉 마음이 만들어 낸 것"이라고 한다. 그렇다면 그 귀결처도 일심(一心)일 수밖에 없다.

만법귀일(萬法歸一)은 승조(僧肇, 384~414)의 저서로 알려진 《보장론(寶藏論)》에서 처음으로 나오는데, 여기서도 '만법'은 갖가지 존재를 뜻한다. 각양각색의 차별적인 현상 세계를 뜻한다. 삼라만상, 현상세계는 같으면서 다르고 다르면서 같다.

수행승의 분석적이고도 철학적인 질문(一歸何處)에 조주 선사는 다음과 같이 답했다.

"내가, 청주에 있을 적에 베옷 한 벌을 만들어 입었는데,
그 무게가 일곱 근이었소(州云 : 我在靑州 作一領布衫 重七斤)."

수행승의 질문을 완전히 따돌리는 동문서답이다. 동문 서답의 목적은 고정된 사고, 통속적인 사고를 바꾸어서 그를 깨닫게 해 준다. 분별심으로 가득 찬 머리를 비워서(空) 새로 포맷(format)해 주는 것이 동문서답의 목적이다.

만법귀일 일귀하처를 하나로 이루어진 공안, 화두로 본다면 공(空)과 불공(不空)의 구조, 진공(眞空)과 묘유(妙有)의 구조로 이루어진 화두, 공안이라고 할 수 있다. 그런데 과연 조주 선사의 답이 그런 뜻일까? 그런 뜻이 아니다.

"내가 청주에 있을 때 베옷 한 벌을 만들었는데, 그 무게가 일곱 근이었다(我在靑州, 作一領布衫, 重七斤)."라고 하는 조주 선사의 답은 아무 뜻이 없는 말이다.

조주 선사의 동문서답은 바로 "쓸데없이 분별심이나

번뇌 망상을 피우지 말라."는 뜻이다. '만법귀일'에 대하여 부질없이 분석, 분별하지 말라는 뜻이다. 목적은 질문자의 분별심(一歸何處)을 타파시켜 주기 위한 것이다. 이것이 조주 선사가 수행승에게 제시한 일침의 처방전이라고 할 수 있다.

萬法歸一 만법귀일   + 한자 연습

萬 일만 만.   歸 돌아올 귀. 돌아가다.
法 법 법, 진리.   一 한 일 하나.

◆ 출전:《조주어록》,《벽암록》.

조고각하
(照顧脚下)

그대 발밑을 보라

사찰에 가면 법당이나 대웅전, 또는 선방이나 대중방(큰방) 섬돌 앞에 간혹 '조고각하(照顧脚下)'라는 팻말이 있는 것을 볼 수가 있다. 한자를 풀이하면 '조고(照顧)'는 '돌아보다', '살펴보다'라는 뜻이고, '각하(脚下)'는 '발밑' 또는 '다리 아래'를 뜻한다.

조고각하는 선불교의 사자성어로 '자신을 돌아보라'는 뜻이다. 물론 법당이나 대중방, 현관 등 섬돌 앞에 쓰여 있으므로, 1차적인 뜻은 '신발을 가지런히 벗어 놓으라'는 것이다. 그리고 2차적인 뜻은 '지금 그대가 서 있는 발(다리)밑을 살펴보라'. '너 자신을 돌아보라', '너 자신의 문제부터 해결하라'는 뜻이다.

또 '그대는 지금 무엇을 하고 있나?' '혹시 안일, 방일에 빠져 있는 것은 아닌가?' '지금 그대가 서 있는 곳은 절벽이다. 정신 차려라'라고 하는 의미를 갖고 있는 말이다.

15년 전 중국 영파(항주 옆)에 있는 천동사와 아육왕

사를 답사한 적이 있다. 두 곳 다 남송시대 선종오산(五山, 5
개의 선종 본사)의 하나였는데, 천동사 선당(禪堂)에 갔더니
기둥 양쪽에 '염불자수(念佛者誰), 조고각하(照顧脚下)'라는
글이 붙어 있었다.

"염불하는 자는 누구인가? 발아래를 돌아보라."라는
뜻이다. 졸고 있거나(昏沈, 혼침) 번뇌 망상 속(掉擧, 도거)에
있지 말고, 본래면목부터 찾으라는 뜻이다. 역시 선종사원
다운 면모였다.

우리는 누구나 할 것 없이 남의 허물, 남의 단점은 잘
본다. 그러나 자신의 허물이나 단점은 볼 줄 모른다. 설사
단점이 있다고 해도 적당히 합리화, 미화시키려고 한다.

또 우리는 의견 충돌, 불화(트러블) 등이 생기면 타인
에게만 문제가 있고 자신에게는 아무 문제가 없다고 생각
한다. 자신은 옳고 상대방은 그르다고 생각한다.

과연 나의 생각은 얼마나 옳고 정확할까? 통계에 의하
면 30~40%를 넘지 못한다고 한다. 60~70%는 틀리다는
것이다. 그러나 사람들은 대부분 자기가 잘났다는 착각과
환상 속에서 살아간다. 그것을 '제 잘난 멋'이라고 한다.

조고각하?. '너 자신을 알라.'

우리는 종종 자신에게는 문제가 없는지 살펴보아야
한다. 나는 지금 무엇을 하고 있는지? 착각 속에 있는 것은
아닌지, 또는 사상누각(沙上樓閣)에 앉아 있는 것은 아닌지,

반성, 성찰해 보아야 한다. 자신을 성찰하는 데 게으르면 인생은 실패할 가능성이 높다.

　조고각하는 '각하조고(脚下照顧)', '간각하(看脚下, 발 아래를 보라)'라고도 한다.《종문무고(宗門武庫)》와《오가정종찬(五家正宗贊)》,《삼불야화(三佛夜話)》등 여러 곳에 나온다.

照顧脚下　조고각하　　　　　　　　　　　　+ 한자 연습

照 비출 조. 비추다.　　　　　脚 다리 각. 다리.
顧 돌아볼 고. 돌아보다.　　　下 아래 하.

◆ 출전:《종문무고》,《오가정종찬》,《삼불야화(三佛夜話)》등

오음성고

(五陰盛苦)

인간은 욕망의 존재다

"정복하기 어려운 욕망을
그대 능히 정복한다면
고통은 존재하지 않으리.
물방울이 굴러떨어지듯이."

《법구경》

오음은 인간 존재를 구성하고 있는 다섯 가지 요소로 인간에 대한 불교적 별칭이라고 할 수 있다. 곧 색(色)·수(受)·상(想)·행(行)·식(識) 오온(五蘊)으로, 이 다섯 가지가 왕성, 치성해서 겪게 되는 괴로움을 오음성고(五陰盛苦)라고 한다.

육체적(색)으로는 이성에 대한 욕망(성욕)이 강한 데서 겪는 괴로움이고, 정신적(수·상·행·식)으로는 갖가지 욕망을 이루려고 하는 데서 겪는 괴로움이다. 이것을 '오음성고'라고 한다.

욕망은 인간의 특성이다. 욕망의 대표적인 것은 부(富),

권력에 대한 욕망, 이성(성욕), 명예욕, 장수욕, 사치욕, 소유욕, 과시욕, 지배욕, 식욕, 그리고 얼짱, 몸짱 등.

남녀노소 할 것 없이 공통된 욕망은 돈, 부에 대한 욕망이라고 할 수 있다. 돈이 없으면 못 사는 사회, 움직이면 돈이 들어가는 사회에서 돈은 절대 권력이기 때문인데, 이것은 기원 전이나 지금이나 똑같다.

욕망은 사람마다 조금씩 다르다. 돈, 부(富)에 대한 욕망이 강한 사람, 권력에 대한 욕망이 강한 사람, 명예욕이 강한 사람, 이성에 대한 욕망이 강한 사람, 사치·명품·과시욕이 강한 사람, 식탐이 강한 사람, 음주욕이 강한 사람 등 각자 지향점에 따라 차이가 있다.

욕망은 무엇을 하고자 하는 의지이다. 따라서 욕망을 꼭 나쁜 것이라고 말할 수는 없다. 긍·부정의 두 가지 요소를 갖고 있는데, 적당한 욕망은 삶에 활력소가 되고 성공에도 도움이 되지만, 과욕하면 인생을 망치게 된다.

인간으로서 욕망을 완전히 버린다고 하는 것은 불가능하다. 만일 사람에게 욕망이 전혀 없다면 그는 죽은 사람이나 마찬가지다.

다만 선의의 욕망과 악의의 욕망이 있을 수 있는데, 불교에서는 선의의 욕망을 '원(願)', '서원'이라고 한다. 특히 사홍서원 가운데 일체 중생을 모두 건지겠다는 서원이 그것이다.

욕망은 끝이 없다. 하나의 욕망이 충족되면 그 순간 또 다른 욕망이 잉태된다. 지나친 욕망은 자신은 물론이고, 타인의 인생에까지 커다란 영향을 준다. 이성적으로 통제하지 않으면 욕망의 끝은 결국 파멸일 수밖에 없다.

五陰盛苦 오음성고   + 한자 연습

五 다섯 오. 다섯 개.   盛 담을 성. 담다, 무성하다.
陰 응달 음. 음지.   苦 쓸 고. 고통, 괴로움.

◆ 출전: 《증일아함경》

적습성성
(積習成性)

습관이 인간을 만든다

"습관이 쌓이면 성품을 이루고,

 성품이 쌓이면 한 인생의 운명을 결정한다."

노자(老子)

습관이 오래 되면 천성이 된다. 자기도 모르는 사이에 성격·성품으로 굳어 버리게 되는데, 그것을 적습성성(積習成性)이라고 한다. 반복된 행동이 만드는 결과라고 할 수 있다.

《대지도론》에는 "날마다 성질(화, 분노심)을 내서 오래도록 지속하게 되면 나쁜 성품(惡性)을 이루게 된다."라고 하였는데, 짜증, 화, 분노는 환경 탓, 성격 탓도 있지만, 그보다는 어쩌다가 습관이 만들어낸 결과라고 할 수 있다.

미국의 실용주의 철학자이자 심리학자인 윌리엄 제임스(William James, 1842~1910)는 "생각이 바뀌면 행동이 바뀌고, 행동이 바뀌면 습관이 바뀌고, 습관이 바뀌면 성격이 바뀌고, 성격이 바뀌면 운명이 바뀐다."라고 하였다. 결론은 나쁜 습관을 버리고 좋은 습관을 가지는 것인데, 나쁜 습관을 고치지 못하는 것은 습관이 인생을 좌우한다는 사실을 인식하지 못하기 때문이다. 또 개선 의지가 부족하기 때문이라고 할 수 있는데, 가장 좋은 방법은 고쳐야 할 것을 메모하여 곳곳에 붙여 놓는 수밖에 없다. 특히 사치, 낭비, 허영, 과시, 게으름 등은 실패한 인생을 만드는 악습관이라고 할 수 있다.

술을 너무 좋아하면 알콜 중독자가 되고, 사치나 겉치레를 좋아하면 쪽박을 차게 되고, 노름이나 화투를 좋아하면 재산을 날리게 된다. 게으르면 가난하게 되고, 속임수, 거짓말을 좋아하면 인간 쓰레기가 되고, 남을 헐뜯거나 중상모략하면 노후에 불행해진다.

습관은 후천성이다. 여러 가지 생활 문화, 사고방식 등에 의하여 자기도 모르게 형성된 것이 습관인데, 인생은 어떤 습관을 갖느냐에 따라 성공 여부가 결정된다고 할 수 있다.

우리나라 속담에 "세 살 버릇 여든 간다."라는 말이 있다. 잘못된 습관은 죽을 때까지 이어지므로 좋은 습관을 길러야 한다는 뜻이다. 좋은 습관은 인생을 성공적으로 이끌고, 나쁜 습관은 인생을 망친다

어떤 일을 하다가 얼마 되지도 않아서 금방 때려치우는 것은 잘못된 습관 때문이다. 한두 번 때려치우게 되면 그것

이 자신의 성격, 습관이 된다. 이런 사람은 돈만 까먹게 된다.

성공적인 인생을 위한 가장 중요한 것은, 첫째 노력하는 습관을 길러야 한다. 두 번째는 집중하는 습관, 지속하는 습관(의지)을 가져야 한다. 세 번째는 해야 할 일을 미루지 않는 습관을 가져야 한다.

여기에 한 가지를 더 추가한다면, 미래 지향적인 생각이라고 할 수 있다. 이 가운데 두 가지만 가져도 성공할 수 있고, 세 가지면 100%, 네 가지를 모두 가진다면 통찰력을 갖춘 역사적인 인물이 될 수 있다.

積習成性 적습성성 + 한자 연습

積 쌓을 적. 쌓이다.   成 이룰 성. 이루다.
習 익힐 습. 익히다.   性 성품 성.

◆ 출전:《대지도론》

일사일지

(一事一智)

하나의 일에서 하나의 지혜를 얻는다

"배운 것을 복습하는 것은 외우기 위함이 아니다.
몇 번이고 복습하면 새로운 발견이 있기 때문이다.

지혜로운 사람은 본 것을 이야기하고
어리석은 사람은 들은 것을 이야기 한다."

《탈무드》

일사일지(一事一智)는 한 가지 일에서 한 가지 지혜를 터득한다는 뜻이다.

우리는 일상 속에서 많은 일을 경험하면서 살아간다. 잘한 일, 잘못한 일, 과오, 실패, 성공 등등. 그러나 그 어떤 일이든 우리는 하나의 일을 통해서 하나의 지혜, 하나의 교훈을 얻게 된다. 그것을 일사일지(一事一智)라고 한다.

붓다나 공자 같은 경우도 생이지지(生而知之)한 것이 아니고, 일사일지가 쌓여서 이룬 지혜라고 할 수 있다. 솔로몬 왕의 지혜도, 탈무드의 지혜도 마찬가지이다.

일사일지는 운문 선사(雲門, 864~949)의 법어집인《운문 광록(雲門廣錄)》에 나오는 사자성어로 '인일사 장일지(因一事 長一智)'를 줄인 말이다. 운문 선사는 '간시궐(乾屎橛, 마른 똥 막대기)'이라는 화두로 유명한 분이다.

'실패는 성공의 어머니'라는 말이 있다. 발명왕 에디슨 도 성공한 횟수보다는 실패한 경우가 더 많았다고 한다. 그 는 전구를 개발하는 데 무려 1,800번 실패했다고 한다. 그 가 만일 실패할 때마다 하나의 지혜를 얻지 못했다면 성공 하지 못했을 것이다. 실패를 자산, 거울로 삼았기 때문에 발 명왕이 되었고, 그의 발명은 인류의 유산이 되었다.

실수, 실패에 대해서는 가능한 한 그 이유를 찾아야 한다. 이유를 찾지 못하면 성공할 수 있는 방법도 찾지 못 하게 된다. 적어도 똑같은 실수를 세 번 이상은 반복하지 말아야 한다. 되풀이하는 것은 개선 의지가 없기 때문에, 우매하기 때문이다.

지혜에는 지식적 지혜와 경험적 지혜가 있다.

지식적인 지혜는 고전 등 책을 통하여, 또는 학교 등 지적(知的) 공간에서 얻은 지혜이고, 경험적 지혜는 여러 가 지 경험이나 일을 통하여 터득한 지혜이다.

한편 옛사람의 지혜라고 하여 다 맞고 옳은 것은 아니 다. 틀린 것도 있다. 임상실험을 거친 과학적인 지혜가 아니 기 때문이다.

그 한 예로 갈릴레이(Galileo Galilei, 1564~1642)의 지동설을 들 수 있다. 그는 성경의 천동설을 부정했다가 파문(화형)을 당했다고 하는데, 그의 지동설은 오늘날 과학적으로 입증되어 정설이 되었다.

또 지식이 많다고 해서 지혜가 있는 것도 아니다. 동서양의 고전을 줄줄 외울 정도로 박학다식해도 지혜와는 거리가 먼 이가 있다. 경험을 통하여 체화되지 못했기 때문이라고 할 수 있다.

도전을 두려워하면 안 된다. 물론 실패, 좌절, 방황 등많은 역경이 있을 수 있지만, 도전, 공포, 두려움을 겪지 않고서 어떻게 세상을 통찰하는 지혜를 얻을 수 있겠는가?

지혜가 없으면 인생이나 사업에서 성공할 수 없다. 눈앞의 급급한 상황만 보고 행동하면 '하루살이 인생'이 되고, 너무 거시적인 데만 매달리면 공허를 좇게 된다.

一事一智 일사일지   + 한자 연습

| 一 한 일. 하나. | 一 한 일. 하나. |
| 事 일 사. 사건, 어떤 일. | 智 지혜 지. 슬기, 지혜롭다. |

◆ 출전:《운문광록(雲門廣錄)》

탁마상성
(琢磨相成)

탁마해서 깨달음을 이루게 한다

"나쁜 친구와 어울리는 사람은

다음의 여섯 가지 과오가 생긴다.

술주정, 폭음, 과식,

사기, 거짓말, 폭력.

싱갈라여!

이 여섯 가지는

나쁜 친구를 사귀는 까닭에 일어나는 과오이다."

《싱갈라경》

탁마상성(琢磨相成)은 서로 절차탁마해서 훌륭한 인격, 불도를 이루게 한다는 뜻으로, 새벽 종송(鍾頌)에 나오는 사자성어이다. 고요한 새벽에 종을 치면서 낭송하는 종송은 마음을 울리게 한다.

'탁마(琢磨)'는 '절차탁마(切磋琢磨)'의 준말이다. 중국 고전의 하나인 《시경(詩經)》에 있는 명구로, 옥(玉)을 자르는 것을 '절(切)'이라 하고, 다듬는 것을 '차(磋)'라 하며, 옥을 쪼는 것을 '탁(琢)', 돌처럼 가는 것을 '마(磨)'라고 한다 (자세한 풀이는 생략). 인품이나 인격, 학문이나 깨달음도 절차탁마해서 완성도를 높여야만 큰 그릇을 이룰 수가 있다는 의미이다.

불교에는 '도반(道伴, 도를 닦는 벗)', '선우(善友, 착한 벗)'라는 말을 많이 쓴다. 공부하는 벗을 뜻하는데, 불교 공부만이 아니고 참선, 명상, 어학 등도 도반들과 같이하면 훨씬 잘 된다. 혼자는 하기 싫으면 중도에 그만두게 되지만, 4~5명이 같이 하면 하기 싫어도 하게 되고, 그러다 보면 어느새 실력이 향상된다. 이것이 '탁마상성'의 효과라고 할 수 있다.

세속에서도 친구를 잘 만나야 한다. 친구를 잘못 만나서 재산을 날린 경우가 많다. 이것은 선우(善友)가 아니고 악우라고 할 수 있다.

몇 년 전 가을 혼자 북촌을 걷다가 초당 순두부집이 있어서 저녁을 먹게 되었다. 그런데 맞은 편에 65세 정도의 두 남자가 식사하면서 신세타령을 하고 있는데, 눈이 번쩍 뜨였다.

두 사람은 동창인데, 모두 친구에게 사기를 당해서 퇴직금을 날렸고, 지금은 마누라에게 하루에 만 원씩 용돈을 받아 가지고 나와서 그날그날을 보낸다는 것이었다. 만원이면 점심 한 끼, 소주 한 잔 정도 가능하다는 이야기도 덧붙었다. 더 집중해서 들어보니 그 일로 마누라에게 꼼짝도 못하게 되었고, 가족들에게도 왕따를 당하고 있다는 것이다. 찬물을 뒤집어 쓴듯, 정신이 번쩍 들었다. 참으로 인생은 쉽지 않다는 생각이 들었다.

이 사람들처럼 가까운 친구나 동창, 또는 친척에게 돈을 빌려주거나 사기를 당해서 퇴직금, 또는 집을 날린 이들이 많다. 어쩌다 잘못 엮인 인연 때문에 인생을 망친 경우다. 전생의 악연이라고 할 수 있는데, 우리는 선우(善友)는 되지 못한다 해도 남을 망치게 하는 악우(惡友)는 되지 말아야 한다.

빨리 경전의 하나인 《싱갈라경》이 있다. 매우 교훈적인 경전인데 《육방예경》, 《선생경》이라고도 한다. 이 경전에서 붓다는 나쁜 친구를 만나서 얻게 되는 여섯 가지 폐단을 말씀하셨다.

또 사귀어서는 안 될 사람과 사귀어야 할 사람에 대해서도 말씀하셨다.

"게으름에 빠진 사람에게는 다음과 같은 여섯 가지 과오가 생긴다.

'춥다'고 일하지 않고, '덥다'고 일하지 않고, '너무 이르다'고 일하지 않고, '너무 늦었다'고 하면서 일하지 않고, '배고

프다'고 하면서, '배부르다'고 하면서 일하지 않는다. 해야 할 일은 매우 많은데도 이러고 있는 사람에게 없던 재산이 갑자기 생길 리가 없다. 또 이미 모은 재산도 곧 없어지게 될 것이다. 싱갈라여! 이것이 게으름에 빠진 사람에게 생기는 여섯 가지 과오이다."

또 부처님께서는 다음과 같이 말씀하신다.

"싱갈라여!
다음의 네 종류의 사람은 사귈 만한 사람이 못 된다. 무엇이건 빼앗아 가는 사람, 말만 앞세우는 사람, 아첨하는 사람, 좋지 않은 장소에 출입하는 사람은 해가 되는 사람으로 사귈 만한 사람이 못 된다. 이 네 종류의 사람은 결코 친구가 될 수 없다.

그러면 어떤 친구가 참으로 사귈 만한 친구인가?
싱갈라여!
다음의 네 종류는 진정한 친구이다. 선도해 주는 사람(친구), 이끌어 주는 친구, 괴로울 때나 즐거울 때나 변함없는 친구, 상대방의 입장을 생각한 뒤에 말하는 친구, 마음을 위로해 주는 친구는 진정한 친구다. 위와 같은 네 종류의 사람은 진정한 친구임을 알아야 한다."

《싱갈라경》은 친구 관계 등 사회생활을 규정한 드문 경전이다.

자기를 알아주는 친구를 지기(知己, 知己之友)라고 한다. 지기는 일평생 한두 명 만나기도 어렵다고 한다. 가능한 한 겸손하고 지식과 지혜가 있는 친구를 만나야 한다.

또 가능하다면 함께 세상을 담론할 수 있는 친구, 같이 여행을 할 수 있는 친구, 이렇게 두 명이 있으면 좋다. 그리고 차(茶)를 아는 친구, 예술에 대하여 잘 아는 친구도 필요하다. 더러는 수다가 심한 친구도 있으면 좋다.

그러나 성실하지 못한 친구, 허세를 부리는 친구, 게으른 친구, 너무 술을 좋아하는 친구는 없는 것이 더 좋다.

琢磨相成 탁마상성 + 한자 연습

琢 쪼을 탁. 옥을 다듬다.   相 서로 상. 상대방.
磨 갈 마. 숫돌에 갈다.   成 이룰 성. 이루어지다.

◆ 출전: 초기경전 《싱갈라경》, 《선생경(善生經)》.

확탕로탄
(鑊湯爐炭)

욕망과 고통이 끓는 가마솥

확탕로탄은 펄펄 끓는 가마솥(鑊湯)과 용광로(爐炭)를 말한다. 일반적으로는 보통 '화탕(火湯)'이라고 하고, 파생되어 '화탕지옥'이라는 말도 있는데, 모두 확탕(鑊湯)의 와전이다.

확탕은 원래 죄인을 삶아서 죽이는 팽형(烹刑)의 기구이다. 팽형은 중국 고대 역사서인《통감》,《삼국지》등에도 자주 나오는데, 죄인을 펄펄 끓는 기름 가마솥에 넣어서 삶는다. 죄인을 기름에 튀겨 죽이는 것인데, 옛사람들은 무지막지한 점이 있었다.

중국 삼국시대 조조(曹操)에게는 조비(曹丕, 맏아들)와 조식(曹植, 둘째 아들) 두 아들이 있었다. 조조는 평소 맏아들 조비보다는 시문에 뛰어난 둘째 아들 조식을 더 사랑했다. 조조가 죽자 맏아들 조비가 위나라 문제(文帝)가 되었다. 형 조비는 늘 조식을 미워했다. 아버지의 사랑을 빼앗아 간 동생이었기 때문이다.

하루는 동생 조식이 술에 취하여 조정을 욕하고 다닌다는 소식을 듣고 '이때다' 하고는 동생 조식을 잡아들였다. 형 조비는 동생 조식에게 죄목을 열거하고 나서 "네가 그렇게 시를 잘 짓는다고 하니 내가 일곱 걸음을 걷는 사이에 시(七步詩)를 지으면 용서해 주겠다. 그러나 만일 짓지 못하면 너를 확탕에 넣어서 팽형에 처할 것이다."라고 명했다.《삼국지연의》에 나온다.

　　조비는 천천히 걸음을 걷기 시작했다. 1보(一步), 2보, 3보, 4보, 5보, 6보, 7…보/ 조식은 일곱 번째 발자국이 놓이자마자 오언(五言) 시를 지었다.

　"煮豆燃豆萁(자두연두기)

　　豆在釜中泣(두재부중읍)

　　本是同根生(본시동근생)

　　相煎何太急(상전하태급).

　　콩깍지를 태워 콩을 삶으니,

　　(형이 동생을 삶으니)

　　콩이 솥 안에서 우는구나,

　　본시 한 뿌리에서 자랐건만(형제인데)

　　왜 이토록 급하게 볶아대는 것인가."

확탕지옥은 18대 지옥 가운데 하나이다. 확탕지옥은 이승에서 불살생죄 등 극악무도한 죄를 지은 사람이 사후에 가게 되는 지옥으로, 죄인을 펄펄 끓는 가마솥에 집어넣기를 반복한다.

그런데 천만다행인지 불행인지 뜨거운 고통이 극심하기는 하지만 죽지는 않는다는 것이다. 생명에는 아무 지장이 없다. 이런 지옥에 가지 않으려면 극악무도한 짓을 하지 말아야 한다.

우리가 살고 있는 이 사바세계 속에도 확탕지옥에 버금가는 일이 많다. 부모로서 자식의 죽음을 보는 것, 사랑하는 사람과 이별하는 것, 불치병 등 병마와 싸우는 것, 욕망의 늪에서 괴로워하는 것, 죄를 짓고 감옥에 갇힌 것 등도 확탕 못지않게 괴로운 것이다.

그밖에 질투심이 강해서 남이 잘되는 꼴을 못 보는 고통, 갖가지 욕망으로 자신의 마음을 태우는 고통 등도 모두 확탕로탄을 방불하게 하는 고통이다.

《서장(書狀)》이라는 책은 화두 참구의 간화선을 창시한 대혜 선사(1089~1163)의 저술이다. 당시 지식인들과 주고 받은 서간집(편지)으로 《대혜서(大慧書)》라고도 한다. 그 가운데 유시랑(劉侍郎, 성은 유씨, 시랑은 장관급 관직)의 질문에 답한 편지가 있다.

유시랑(劉侍郎)은 지식층으로 장관급의 고관이었다.

출세 등등으로 번민이 많았던 것 같다. 그는 대혜 선사에게 "어떻게 하면 이 복잡한 세상, 그리고 치열하게 타오르는 번뇌를 피해서 살 수 있겠습니까?"라고 물었다. 이에 대하여 대혜 선사는 선승다운 명답의 편지를 보내고 있다.

거사님.

예전에 어떤 수행승이 노(老) 선승에게 물었소.

"세계가 이렇게 뜨거운데(번뇌가 극심하다는 말), 어느 곳에서 피하는 것이 좋겠습니까?"라고.

노 선승이 대답하셨소.

"확탕로탄(鑊湯爐炭, 가마솥과 용광로) 속에서 피하시게."

"선사! 뜨거운 가마솥과 용광로 속에서 어떻게 피한다는 말씀입니까?"

노 선승이 말했소.

"그 속은 (워낙 뜨거워서) 갖가지 고통이 이르지 못한다오(衆苦不能到)."

옛날이나 지금이나 하루 벌어 살아가는 사람은 번뇌가 없다. 번뇌가 일어날 틈이 없기 때문이다. 그러나 경제적·시간적으로 여유가 있는 사람들, 관료들, 지성인들, 지식층들은 번민이 많다. 출세, 권력, 알력 다툼, 그리고 왜 사는 것인가? 인생이란 무엇인가? 등등.

그래서 그는 대혜 선사에게 번뇌 망상을 극복하는 방법에 대하여 질문한 것인데, 대혜 선사는 조용한 곳에 가서 마음을 쉬라고 말하지 않고, '펄펄 끓는 뜨거운 가마솥이나 용광로 속에서 피하라'는 것이다. 즉 현실의 삶 속에서 극복하라는 뜻이다.

대혜 선사는 "고요한 곳(靜處)에서 얻은 수행은 번잡한 세속에서는 아무 소용이 없다."고 말씀했는데, 확탕로탄 속에서 피하라는 말씀은 참으로 역설적인 명답이 아닐 수 없다.

번뇌는 일상이 바쁜 사람에게는 많지 않고 시간적 여유가 많은 사람들, 한가한 사람들, 지식층에게 있는 정신질환이라고 할 수 있다. 이들을 위해서 생긴 것이 정신의학과이다.

번뇌는 삶과 삶이 육박전을 벌이는 치열한 현실의 삶 속에서 극복·해결해야 한다. 현실을 떠나서 번뇌를 극복한다는 것은 큰 착각이다. 인간이 사는 곳에는 산사든 세속이든 번뇌가 없는 곳은 없기 때문이다. 다만 산사는 환경적으로 번뇌가 좀 적을 뿐이다.

화두 참구의 간화선을 만든 대혜 선사는 번뇌를 퇴치하는 방법에 대하여 무자화두 등 화두를 제시했다. 그는 "이 '무'라고 하는 한 글자는 곧 무수한 번뇌 망상을 깨부수는 칼이다(遮一字〈無〉者, 便是箇破生死疑心底刀子也)."라고 하여, 무자화두만 들면 갖가지 번뇌(잡념) 망상(쓸데없는 생각)을 단절시킬 수 있다고 하였다.

그렇다면 무자화두는 어떤 기능과 역할을 한다는 것인가? 번뇌를 억제, 퇴치, 단절시키는 역할을 한다. 무자화두 등 화두에 몰입하면 번뇌가 일어날 틈이 없게 된다. 도둑이 들어올 틈이 없게 되는데, 이것을 '화두삼매'라고 한다.

또 불안, 초조, 근심 등 번뇌가 일어나면《아함경》등 불교 경전을 읽는 방법도 있다. 이 방법은 '경전 독송 삼매'라고 할 수 있는데, 그 어느 방법보다도 좋은 방법이다. 부처님의 좋은 말씀을 읽게 되고, 불교에 대한 지식도 얻게 되고, 또 지혜도 얻게 되기 때문이다. 그밖에 염불 삼매, 사경(寫經) 삼매 등도 있다.

鑊湯(湯)爐炭 확탕로탄   + 한자 연습

鑊 가마 확. 고기를 삶는 가마.   爐 화로 로. 화로.
湯(湯) 삶을 탕. 끓이다.   炭 숯 탄. 숯.

◆ 출전:《관불삼매해경》, 대혜 선사《서장》

전도몽상
(顚倒夢想)

뒤집힌 생각들

'전도(顚倒)'는 뒤바뀐 것, 뒤집힌 것을 뜻하고, '몽상(夢想)'은 헛된 생각을 뜻한다. 중생들의 생각이나 가치관은 이와 같이 뒤집히고 헛된 생각을 하고 있다는 뜻이다.

전도몽상은 《반야심경》에 나오는 사자성어로, 모든 현상은 실재하는 것이 아님에도 불구하고 중생들은 실재하고 있는 것으로 착각·오인하고 있다는 뜻이다.

《반야심경》 268자의 내용을 4자로 줄이면 일체개공(一切皆空)이고, 1자로 줄이면 '공(空)'이다. 공은 '속이 텅 비었다', '알맹이가 없다', '실체가 없다'는 뜻이다. 가유적(假有的)인 것에 불과한데, 중생은 실재하는 것으로 착각하고 있다는 것이다. 이것을 가리켜 전도몽상이라고 한다.

인간의 대표적인 전도몽상은 부(富), 출세, 명예, 사치, 과시욕 그리고 자기 자신이 잘났다는 생각, 즉 자신에 대한 과대평가라고 할 수 있다. 너나 할 것 없이 여기서 크게 벗어나지 않는데, 때론 세상을 떠들썩하게 출세 가도를 달

렸던 사람이 하루아침에 성추행, 학력위조, 부정부패 등으로 무너져 가는 모습을 보면 남의 일 같지 않다. 타산지석(他山之石)의 교훈으로 삼아야 할 것 같다.

　전도몽상적 가치관에서 벗어나자면 무엇보다도 진실해야 한다. 사치, 과시 등 허영을 버려야 한다. 이런 것들은 주로 자신에게 아무것도 없을 때 사용하는 전형적인 방법인데, 이런 것들을 버리지 않는 한 불가능하다. 허영은 영혼을 황폐하게 하기 때문이다.

　《반야심경》에는 다음과 같이 반야지혜에 대하여 설한다.

"대승의 구도자인 보살도 반야바라밀다를 의거하기 때문에 마음에 집착과 구속됨이 없고, 집착과 구속됨이 없기에 공포심(恐怖, 두려움)이 없다. 반야 지혜는 잘못된 생각, 뒤바뀐 생각, 몽상 같은 생각들을 물리쳐서 끝내는 니르바나(열반)를 성취하게 한다.

　그리고 과거, 현재, 미래의 모든 부처님도 이 반야바라밀다(반야지혜)를 의거하여 수행했기 때문에 최상의 깨달음인 '아뇩다라 삼먁삼보리'를 얻게 되었다."

　삼세 제불도 반야바라밀을 의지하여 최상의 깨달음을 이루었다고 한다. 여기서 말하는 반야바라밀이란 곧 지혜로 일체를 공한 것으로 보는 것을 말한다. 모든 현상을 실존하는 것이 아닌 가유적인 것으로 보았을 때 공포나 불안 등 두려움에서 벗어나 깨달음, 니르바나를 이룰 수 있다는 것이다.

수행에 대해서도, 자신은 분명히 바른 길, 정도(正道)로 가고 있다고 생각하지만, 경전이나 선어록에 의거해 보면, 의외로 비불교적인 수행, 도교적 신비주의 등 사이비 수행을 불교 수행으로 착각하고 있는 경우가 많다.

사회생활이든 수행이든 착각, 전도몽상에서 벗어나자면 첫째는 안목, 혜안(慧眼)이 있어야 한다. 옳고 그름, 정(正)과 사(邪)를 구별할 줄 아는 눈이 있어야 한다. 지도를 볼 줄 모르면 목적지를 찾아갈 수 없다. 안목이 없으면 허세, 허영 등 각종 정신 도착병에 빠질 수밖에 없다.

顚倒夢想　전도몽상　　　　　　　　　　　+ 한자 연습

顚 넘어질 전.	夢 꿈 몽.
倒 넘어질 도. 넘어지다.	想 생각 상.

◆ 출전: 《반야심경》

발고여락
(拔苦與樂)

고통을 제거하고 낙을 준다

발고여락(拔苦與樂)은 고통, 괴로움을 제거해 주고(拔苦) 행복, 즐거움을 준다(與樂)는 뜻이다. 《대지도론》에 있는 사자성어로 '이고득락(離苦得樂)'과 같은 말이다.

우리는 살아가면서 많은 고통을 겪는다. 심적(心的)·정신적인 고통으로는 갈등·의견 충돌·후회·근심·걱정·불안·초조 등이 있고, 육체적인 고통으로는 몸이 아프거나 과도한 노동 등이 있다. 그 밖에 스트레스, 암, 불치병, 부부, 가족 간의 불화, 갈등 등도 만만치 않은 고통이다.

불교에서는 고통을 크게 여덟 가지로 구분한다. 그것을 팔고(八苦)라고 하는데, 인간의 근본적인 고통인 생로병사 네 가지에 애별리고, 원증회고, 구부득고, 오음성고를 추가해서 '팔고'라고 한다. 이것을 '인생 팔고' 혹은 '인생의 팔대 고통'이라고 한다.

먼저 인간은 생로병사, 즉 태어나서(生) 늙음(老)과 병듦(病), 죽음(死)의 4단계 과정을 거친다. 그 가운데서도 늙고

병들고 죽음에 이르는 노병사(老病死)의 과정은 매우 길고 지루하다. 노후를 고통 없이 행복하게 보내는 것도 큰 복이라고 할 수 있다.

애별리고(愛別離苦)는 부모와 자식, 형제, 이성 등 사랑하는 사람과 헤어져야 하는 괴로움을 말한다. 사실 요즘은 외국 유학, 지방, 해외 근무 등으로 떨어져 사는 가족이 많다. 이제 애별리고쯤은 일상이 되었다고 할 수 있다.

'사(死)의 찬미'를 부른 윤심덕의 비극적인 동반 자살은 애별리고의 극치이다. 윤심덕은 우리나라 최초의 여성 성악가였는데 유부남을 사랑했고, 이루어질 수 없는 사랑에 시모노세키(下關)에서 부산으로 오는 관부연락선에서 동반 투신자살했다. 이로 인해 그가 부른 '사(死)의 찬미'는 애잔한 사랑을 상징하는 대표적인 노래가 되었다.

원증회고(怨憎會苦)는 싫어하는 사람, 꼴 보기 싫은 사람과 만나야 하는 데서 오는 괴로움이다. 주로 모임이나 직장 등에서 겪는 경우인데 매우 괴롭다.

구부득고(求不得苦)는 갖고 싶은 것을 갖지 못하는 데서 오는 괴로움이다. 샤넬, 루이비통 등 명품 가방을 갖고 싶은데, 돈이 없어 살 수 없을 때는 비애를 느끼게 된다. 구부득고를 극복하는 방법은 욕망을 줄이는 것, 소욕지족밖에 없다.

오음성고(五陰盛苦)는 색·수·상·행·식 오온, 즉 육체적·정신적 욕구가 왕성한 데서 겪는 고통이다. 이성에 대한 욕구, 돈, 권력, 명예, 과시욕 등 욕구를 해결하지 못하는 데서 오는 괴로움이다.

　인간 세상의 모든 고통은 이 여덟 가지에서 벗어나지 않는다. 팔고(八苦)의 원인은 '욕심(慾心)', '욕망' 때문이고, 욕망은 어리석음 때문이다. 가능한 한 욕망을 적게 가지고 소욕지족으로 살아가는 것이 행복하게 살아가는 방법이라고 할 수 있다.

　발고여락은 불·보살님의 자비를 가리킨다. 아마도 그 중에서도 관세음보살님과 지장보살님의 자비가 최고일 것이다. 이 두 보살님은 자비의 화신이다.

　관세음보살님은 천 개의 눈과 천 개의 손을 가지고 고통받는 중생을 건져 주시고 있고, 지장보살은 지옥에 있는 중생이 다 제도 되기 전에는 절대 성불하지 않겠다고 선언하신 분이다.

拔苦與樂　발고여락　　　　　　　　　　　＋ 한자 연습

拔 뺄 발.　　　　　　　與 줄 여.
苦 괴로울 고.　　　　　樂 즐거울 락.

◆ 출전:《대지도론》27권.

제악막작
(諸惡莫作)

악행은 무엇이든 하지 말라

"악행을 하면

　금생에도

　내생에도

　괴로움에서 벗어날 수 없으리."

《법구경》

　　요즘 뉴스를 보면 끔찍한 일들이 너무 많다. 악이 난무하고 있다고 해도 과언이 아니다. 왜 그럴까? 우리나라는 불교, 기독교, 천주교 등 세계적인 종교가 집결해 있고, 교육열도 높은데 왜 악은 증가하는 걸까? 그 수법도 충격적이다. 사회적 현상일까? 인간의 심성이 악해진 것일까?

　　제악막작(諸惡莫作)은 '모든 악행은 절대로 하지 말라'는 것이다. 제악(諸惡)은 모든 악을 가리키고, 막작(莫作)은 절대 짓지 말라는 것, 즉 악이라면 대소와 종류를 막론하여 짓지 말라는 뜻이다.

　　제악막작은 초기 경전인 《법구경》, 칠불통계게(七佛通

戒偈) 등 여러 곳에 나오는 사자성어다.

"모든 악행은 짓지 말고

그 대신 모든 선을 행하라.

그리고 스스로 그(자신) 마음을 깨끗하게 하는 것,

이것이 모든 부처님의 가르침이니라."

(칠불통계; 諸惡莫作, 衆善奉行, 自淨其意, 是諸佛敎).

악은 잡초와 같다. 잡초는 생명력이 강해서 가꾸지 않아도 무성하게 자란다. 잡초는 성장 속도가 빠르고 가뭄에도 죽지 않는다. 한 달만 방치해도 밭을 장악한다. 반면 곡식은 풀, 잡초를 뽑아주지 않으면 자라지 못한다. 농부가 아침저녁으로 부지런히 잡초를 제거하듯이, 마음에서 일어나는 악을 수시로 제거하지 않으면 악은 영혼을 황폐하게 만든다.

중국의 사상가 순자(荀子)는 다음과 같이 말한다.

"교육을 게을리해서는 안 되나니, 푸른색은 쪽이라는 풀에서 뽑지만, 쪽보다도 더 푸르고, 얼음은 물이 언 것이지만, 물보다도 더 차갑다(學不可以已, 靑取之於藍而靑於藍. 冰水爲之而寒於水)." 《순자(荀子)》 권학편)

이것을 줄인 사자성어가 청출어람(靑出於藍), 청람(靑藍)이다. 푸른색은 쪽(藍)이라고 하는 풀에서 뽑지만, 쪽보다도 더 푸르다는 것은 교육의 필요성을 강조하고 있는 말이다.

순자는 성악설을 주장했다. 인간의 본성은 이익과 욕망을 추구하기 때문에 악하다는 것이다. 그러므로 교육을 통해서 악을 선(善)으로 바꾸어야 한다고 역설하였다. 반면 맹자는 성선설을 주장했다.

나는 순자의 성악설이 훨씬 더 명확한 분석이라고 본다. 그 이유는 인간은 타고나면서부터 시기, 질투, 욕망이 강한데, 특히 시기, 질투는 3세 어린아이에게서도 발견할 수 있다. 본능적·본성적인 것이기 때문인데 바로 이것이 모든 악을 만드는 근원이다. 따라서 인간은 교육하지 않으면 90%는 악으로 빠질 수밖에 없다.

악은 가장 먼저 마음(意) 속에서 싹터서 몸(身, 행동)과 입(口, 악담 . 욕설)을 통하여 실행으로 옮기는데, 생각(意)으로는 분노·증오심·시기·질투 등 나쁜 마음을 품고, 행동(身)으로는 살인·강도·강간·폭행·절도 등을 하고, 입으로 중상모략·험담·악담·거짓말·가짜 뉴스 등 사회악을 자행한다. 불교에서는 이것을 신구의(身口意) 삼업(業)이라고 한다. 악행, 악업을 짓는 세 가지 주체이다.

제악막작(諸惡莫作) 중선봉행(衆善奉行)은 인간이 지향

해야 할 최고의 가치관이다. 특히 선은 사회질서를 이끌어
가는 생명체 같은 것이기도 하다.

　　그러나 악화가 양화를 구축한다는 경제 이론과 같이
마음에서 악이 활동하고 있는 동안 선은 설 자리를 잃게
된다. 오늘날 한국 사회도 악이 판을 치고 있다.

諸惡莫作　제악막작　　　　　　　　　　　　+ 한자 연습

諸 모든 제. 모든 것, 모두.	莫 없을 막. ~을 하지 말라. 절대 부정사.
惡 악할 악. 악하다.	作 지을 작. 짓다, 만들다.

◆　출전:《증일아함경》

초전법륜

(初轉法輪)

최초로 가르침을 펴다

"비구들이여,

여래는 두 가지 극단을 버리고

중도(中道, 正道)를 깨달았나니,

이 중도는 안목을 갖게 해 주고,

높은 지혜를 만들며,

바른 깨달음과 열반으로 인도하는 길이다."

《초전법륜경》

부처님께서는 29세 때 왕자의 신분을 버리고 출가한 지 6년 만에 드디어 깨달음을 이루셨다. 그 깨달으신 내용은 '중도', '사성제', '삼법인', '연기법', '팔정도' 등으로, 이는 곧 인류 정신사의 새로운 발견이었다.

부처님께서는 깨달음을 이룬 후 처음으로 다섯 명의 비구들에게 '중도의 이치'를 설하셨는데, 그것을 '초전법륜(初轉法輪)'이라고 한다. '처음(初)으로 진리의 수레바퀴(法輪), 즉 가르침을 굴렸다(轉)'는 뜻이다.

부처님께서 다섯 명의 비구들에게 중도의 이치를 설하신 까닭은, 그들은 모두 극단적 수행방법인 고행을 택하고 있었기 때문이었다. 그러나 육체를 혹사시키는 고행(苦行)은 육체만 병들게 할 뿐 실제 수행에는 아무런 도움을 주지 못한다는 것을 가르쳐 주기 위해서였다.

   부처님께서 바라나시 이시빠따나 '녹야원(사슴 동산)'에 계실 때였다.
   "비구들이여, 출가자는 두 가지 극단을 멀리해야 한다. 둘이란 무엇인가? 하나는 저열하고 성스럽지 못한 감각적 욕망과 쾌락에 몰두·탐닉하는 것이며, 또 하나는 아무런 이익을 주지 못하는 고행(苦行, 자기 학대)에 몰두하는 것이다.
   비구들이여, 여래는 이 두 가지 극단을 버리고 중도(中道, 正道)를 깨달았나니, 이 중도는 안목을 갖게 해 주고, 높은 지혜를 만들며, 바른 깨달음과 열반으로 인도하는 길이다."

   《초전법륜경》

   두 가지 극단. 즉, 고행과 감각적 욕망을 버리고 중도를 깨달았다고 말씀하셨는데, '감각적 욕망'이라는 것은 바로 바라문교(힌두교)의 성애(性愛)를 말한다. 즉 성적인 쾌락(몰입)을 통하여 해탈을 성취한다는 것으로, 그 대표적인 책이 힌두교의 경전인 '까마수뜨라'(Kamasutra)이다.

Kama는 성애, Sutra는 경전을 뜻한다.

까마수뜨라에는 성애와 관련하여 108개의 기본적인 체위가 그려져 있다. 이것을 서울시청 정도 크기의 거대한 바위에다 조각해 놓은 것이 인도 북부에 있는 카주라호(Khajuraho)이다. 유네스코 세계문화유산으로 여기에는 까마수뜨라보다도 훨씬 더 많은 약 300개의 체위가 부조(浮彫)되어 있다고 한다.

어떻게 성적인 쾌락을 통하여 해탈을 이룰 수 있는지는 잘 알 수 없지만, 전공자의 말에 의하면 정신과 육체가 완전히 하나가 되어 사랑에 올인하고 있는 동안에는 근심이나 걱정 등 고(苦)에서 해탈할 수 있기 때문이라는 것이다.

양 극단 가운데 하나는 극단적인 고행주의다. 채식 등 소식(小食)을 하면서 육체를 극도로 괴롭히는 고행을 통하여 근본적인 업인 까르마(업)를 녹이고 진리를 체득한다는 것이다.

고행주의는 자이나교에서 실천, 중시하는 수행방법으로 불교에도 적지 않은 영향을 주었다. 그러나 이 역시 비합리적이다. 진리를 체득한다는 것은 육체적인 것이 아니고 마음, 정신적인 것이기 때문이다.

부처님께서는 극단적인 이 두 가지는 모두 다 비합리적인 방법으로 깨달음이나 해탈을 이루는 데 아무런 도움을 주지 못한다고 말씀하셨다. 성적인 쾌락주의는 감각적

쾌락을 통한 일시적인 것으로 정신을 황폐하게 할 뿐이고, 고행주의는 육체를 가혹하게 할 뿐이기 때문이다

참고로 법륜은 '불교를 상징하는 마크'인데, 지금 인도의 국기(國旗)가 법륜이다.

위키 백과사전에 따르면 인도의 국기는 주황색, 하얀색, 초록색 세 가지 색으로 구성되어 있다. 가로 줄무늬 가운데에는 24개의 축을 가진 파란색 법륜이 그려져 있다. 주황색은 용기와 헌신을, 하얀색은 진리와 평화를, 초록색은 믿음과 번영을 의미하며, 파란색 법륜은 마우리아 제국의 왕이었던 아소까의 사자상에 새겨져 있는 법륜에서 유래되었다 한다.

初轉法輪 초전법륜   + 한자 연습

初 처음 초. 처음.   法 법 법. 도리, 진리.

轉 구를 전. 굴리다.   輪 바퀴 륜[윤]. 바퀴, 수레.

◆ 출전:《초전법륜경》

색즉시공
(色卽是空)

색(물질)은 공한 것이다

인간의 육체는 사망 후 12시간이 지나면 눈에 띌 정도로 부패하기 시작하고, 노출될 경우 한 달이면 폭삭 썩어서 형체를 알아볼 수 없을 정도가 된다고 한다.

그런데 그 가운데서도 가장 빨리 부패하는 곳이 바로 이목구비라고 한다. 그리고 이목구비는 육체가 부패하면서 발생하는 오염수 통로(하수구)가 된다고 한다. 그 예쁜 눈과 입, 코, 귀가 고름 같은 것이 질질 흘러 내리는 하수구라고 보면 그만 소름이 끼친다. 자신도 죽으면 그렇게 될 것이라고 생각하면 참으로 허망해진다. 색즉시공이다.

색즉시공은 《반야심경》에 있는 사자성어다. 우리 육체를 비롯하여 형상이 있는 모든 유형적인 것들은 인연 화합의 소생(所生)으로서 그 본질은 공(空)이라는 것이다. 마치 축구공처럼 껍데기는 있으나 알맹이가 없다는 것이다. 속이 텅텅 비어 실체가 없다는 말이 공이다.

그렇다면 색즉시공이 시사하고 있는 것은 무엇일까?

모든 것은 영원성이 없는 존재, 가유(假有)적인 존재, 공연을 위해 임시로 설치한 가설물에 불과하므로 집착하거나 애착하지 말라는 말이다. 내일이면 철거될 가설물을 두고 아깝다고 집착하면 고통, 괴로움만 겪게 되므로 일찌감치 정신을 차리라는 말이다.

대칭되는 문구는 '공즉시색(空卽是色)'이다. 본질은 모두 공(색즉시공)이지만 인연이 화합하면 다시 만물을 소생시키기 때문이다. 앞(색즉시공)은 부정적이고 뒤(공즉시색)는 긍정적이다.

《반야심경》에서는 "사리자여, 색(육체)은 공한 것과 다르지 않고, 공은 색과 다르지 않다. 색이 곧 공이고, 공이 곧 색이니, 그 밖의 감각(受)·생각(想)·행동(行)·의식(識)도 그러하니라(舍利子, 色不異空, 空不異色, 色卽是空, 空卽是色. 受想行識, 亦復如是)."라고 하여, 색과 공은 같은 것이라고 한다.

이 말은 색(色, 물질)과 공(空)은 다른 것이 아니므로 색(色), 즉 현상에도 집착하지 말고 그렇다고 공(空)에도 빠지지 말라는 말씀이다. 공을 강조했지만, 공(空)을 절대화하지도 말고, 그렇다고 유(有)에도 집착하지 말라는 것이다. 공과 유(有) 어디든 집착하면 그것은 중도가 아닌 편견이기 때문이다.

우리의 삶에서 영원한 것은 없다. '이것이다'라고 대답할 수 있는 것은 아무 것도 없다. 권력도, 명예도, 인간 관계도 결국엔 공으로 돌아간다. 오직 남은 것은 삶뿐이다. 그의 삶이 이기적이었느냐? 이타적이었느냐? 선이었느냐 악이었느냐? 그것뿐이다.

《능엄경》에서는 모든 현상을 '육진분별영사(六塵分別影事)'라고 한다. 육진(六塵)은 안·이·비·설·신·의인데 그것이 만들어 낸 그림자라는 말로 색즉시공과 같은 말이다. 모두 실재하지 않는 것, 하루 저녁 공연을 위해서 설치한 가설 무대라는 뜻이다.

공의 철학은 무아사상에서 발달한 것이지만, 대승불교가 재발견한 '비움의 철학'이라고 할 수 있다. 고통의 원인이 되고 있는 집착을 제거하고 행복한 삶을 살기 위한 철학인데, 에고(ego)를 비우면 마음이 편안하고 에고를 지키려고 하면 허무, 자존심 등으로 마음은 한 없이 괴로워진다. 공은 외부 세계보다는 내부 세계, 즉 번뇌, 에고 등 자기를 비우는 데, 그 초점이 맞추어져 있다는 사실이다.

色卽是空 색즉시공   + 한자 연습

色 빛 색. 빛깔, 모양, 형상.   是 옳을 시. 옳다, 바르다. 이것(지시 대명사).
卽 곧 즉. 곧바로. 즉시.   空 빌 공. 비다, 없다, 헛되다. 실체가 없다.

◆ 출전: 반야심경

요익중생
(饒益衆生)

모든 중생을 사랑한다

"나는 나룻배

당신은 행인

당신은 흙발로 나를 짓밟습니다.

나는 당신을 안고 물을 건너갑니다.

나는 당신을 안으며 깊으나 옅으나 급한 여울이나 건너갑

니다.

(…)"

한용운, '나룻배와 행인'

만해 한용운의 '나룻배와 행인'이라고 하는 시다. 여기서 나룻배는 자비의 상징인 불보살을 가리키고 행인은 중생을 가리킨다.

요익중생은 '널리 모든 중생(사람)에게 이익과 행복을 준다'는 뜻이다. 《화엄경》〈도솔천궁품〉과 《법화경》〈오백

제자수기품〉 등 여러 경전에 나오는데, 불교의 특징을 잘 나타내고 있는 사자성어다.

원래 요익중생은 부처님께서 이 세상에 나오신 의미를 정의한 말이다. 즉 부처님께서는 중생들에게 많은 이익과 행복을 주기 위하여, 일체 중생들을 제도, 교화하기 위하여 이 세상에 출현하셨다는 뜻이다. 부처님의 덕화를 높이 찬탄한 말이라고 할 수 있다.

불교에서는 중생들을 이익케 하는 요익중생의 방법으로 사섭법(四攝法)을 제시하고 있다. 보시섭(布施攝)·애어섭(愛語攝)·이행섭(利行攝)·동사섭(同事攝)인데, 이 네 가지 방법을 동원하여 중생들에게 행복과 마음의 평화를 준다. 동시에 이것은 불교 수행자가 실천해야 할 덕목이기도 하다.

요익중생은 꼭 돈과 재산이 많아야만 하는 것은 아니다. 돈이 없어도 된다. 몸이 불편한 사람들을 위하여 봉사하는 방법도 있고, 고독한 사람들에게 따뜻한 마음씨로 위로하는 방법도 있다. 어려운 사람들에게 건네는 따뜻한 위로의 한마디는 용기와 희망을 주기 때문이다.

세계적인 스승 달라이 라마는 가지고 있는 돈이 없다. 그러나 그 따뜻한 법문에 많은 이들이 감동한다. 북인도 다람살라(티베트불교의 메카)에는 세계 각국에서 많은 사람들이 모여드는데, 달라이 라마 존자를 친견하는 것만으로도 행복해한다고 한다.

어떤 이들은 그분의 음성만 들어도 가슴이 설레고 마음이 평온해진다고 한다. 달라이라마의 따뜻한 모습과 법문이 모든 사람들에게 행복한 마음을 주기 때문이 아닐까?

그러나 갈수록 남에게 피해를 주는 자들이 많아지고 있다. 출세나 성공을 위해 남을 짓밟고, 중상모략하고, 악성 댓글을 달고, 인터넷을 통한 금융 사기, 부동산 사기 등 악성 분자들이 증가하고 있다. 얼마 전에는 높은 수익을 준다는 말에 속아서 4억을 사기 당한 여성이 딸과 함께 동반 자살한 사건도 있었다. 참으로 슬픈 일이다.

우리나라는 2019년도 OECD 36개국 중 사기 1등국이다. 조사방식은 OECD에서 각국의 경찰과 검찰의 협조로 사기 고소, 고발사건 건수를 제출받아서 집계한 결과 우리나라는 OECD 36개국 가운데, 사기 사건 고발, 고소 건수가 가장 많은 나라였다.

다시 말하면 36개 경제 선진국 가운데 사기 극성 국(國)이 되었는데, 최근 연이은 '빌라왕 사망' 사건은 충격적이다. 죽은 김모씨는 1139채를 갖고 있었고, 정모씨는 434채를 갖고 있었는데, 모두 40대 바지 사장으로 있다가 갑자기 사망했다.

내막은 빌라 깡통 전세 수법으로 이들은 모두 무일푼으로 이름만 빌려준 것이고, 원 소유자는 따로 있었다. 이들은 막판에 가서는 명의자를 자살하도록 유도하고, 전세 보증금을 떼먹는 방법이었다. 현행법으로는 소유자가 죽으면 사건은 공중에 붕 뜨게 되는 법을 악용한 것이다.

이런 놈들이 있으니 어떻게 사기 1위국이 되지 않을 수 있겠는가? 염라대왕께서는 왜 이런 놈들을 빨리 잡아가지 않는지 알 수가 없다. 의무유기, 직무유기가 아닐까?

우리는 타인에게 행복과 이익을 주는 사람이 될지언정, 피해를 주는 존재가 되어서는 안 된다. 설사 남에게 행복과 이익을 주지는 못한다고 할지라도 해악을 끼치는 존재가 되어서는 더욱더 안 된다. 사회에 도움이 되는 존재가 되기 위해 노력해야 한다. 그것이 인간으로서 해야 할 최소한의 의무다.

饒益衆生 요익중생   + 한자 연습

| 饒 넉넉할 요. 많다. | 衆 무리 중. 무리, 많은 사람. |
| 益 더할 익. 보태 주다. | 生 날 생. 태어나다. |

◆ 출전: 《화엄경》〈도솔천궁품〉, 《법화경》〈오백제자수기품〉.

다정불심
(多情佛心)

다정다감한 부처님 마음

중생을 사랑하는 마음, 측은하게 여기는 마음, 자비심을 다정불심(多情佛心)이라고 한다. 다정불심은 중국, 한국, 일본 등 한자 문화권 불교에서 많이 사용하는 사자성어다. 특히 1954년 박종화 선생의 소설《다정불심(多情佛心)》이 출판된 이후 더욱 널리 알려진 사자성어다.

《다정불심》은 고려 말 공민왕과 노국 공주(魯國公主)의 사랑을 그린 애화(哀話)로, 공민왕이 노국 공주를 너무 사랑한 나머지 정사(政事)를 돌보지 않았고, 그 결과 고려가 망하게 되었다는 역사적인 교훈을 그린 소설이다.

그 후 이 소설은 1967년 신상옥 감독에 의하여 영화화되었다. 김진규, 최은희, 박노식 등이 출연했는데, 60년대 국산 영화 붐을 타고 성공한 영화의 하나였다.

부처님은 매우 인정이 넘치는 다정다감한 분이다. 물론 대승경전인《금강경》,《화엄경》등에서 느껴지는 부처님은 신격화된 초인적인 부처님이지만, 초기 경전인《아함경》

이나 빨리경전 등에서 볼 수 있는 부처님은 매우 다정하고 자비스러운 분이다. 마치 시골 초등학교에서 학생들을 돌보는 노(老) 교장 선생님 같은 모습이라고 할 수 있다.

한 예로 제자 아난다를 위로하는 장면인데, 부처님께서 80세의 일기로 열반(죽음)에 드시자 25년 동안 부처님을 시봉했던 제자 아난다는 매우 슬퍼했다. 어깨를 들썩이면서 통곡하자 부처님께서는 자상하게 다음과 같이 위로하신다.

"아난다여,

사랑하는 사람, 좋아하는 사람과는

언젠가는 헤어지는 날이 오게 된다고 내가 평소 말하지 않았던가?

아난다여, 슬퍼하지 말아라.

그리고 방일하지 말고 열심히 공부하여라."

빨리본 번역, 《대반열반경》

'자등명(自燈明), 법등명(法燈明)'과 함께 부처님께서 열반에 드시면서 남긴 마지막 말씀이다. 특히 "방일하지 말고 열심히 공부하라."는 말씀은 가슴을 뭉클하게 한다. 수행자가 공부를 하지 않는다면 어떻게 될 것인가? 결과는 물을 것도 없이 뻔하다.

부처님 10대 제자 가운데 우빨리 존자가 있다. 그는 4성 계급 가운데 가장 천한 수드라(노예 계급) 출신이었다. 석가족 궁중에서 머리를 깎는 이발사였는데, 출가하여 부처님 제자가 되었다.

그러자 나중에 출가한 석가족 왕자 7명이 우빨리에게 합장하는 것을 거부했다. 천민으로 자신들의 머리를 깎아 주던 사람이기 때문이었다. 부처님께서는 "우빨리에게 합장하라."고 그들을 엄하게 꾸짖으셨다.

부처님께서는 누구나 평등하다고 하시면서 신분의 차별을 두지 않았다. 그(우빨리)는 계율을 잘 지켰기 때문에, '지계(持戒) 제일 우빨리 존자'라고 일컬어졌다.

사회에서도 다정다감한 사람이 있고, 찬 바람 부는 쌀쌀한 사람이 있다. 타고난 성품이겠지만, 쌀쌀한 사람보다는 훈훈한 다정다감한 사람이 각박한 세상을 따뜻하게 한다. 부처님 마음 같은 사람이 그립다.

多情佛心　다정불심　　　　　　　　　+ 한자 연습

多 많을 다.　　　　　　佛 부처 불.
情 뜻 정.　　　　　　　心 마음 심.

염화미소
(拈花微笑)

꽃을 드니 미소를 짓다

염화(拈花)는 '꽃을 들어 보이다'라는 뜻이고, 미소(微笑)는 '말 없는 웃음'을 뜻한다.

미소는 주로 연인들끼리 주고받는 사랑의 기호다. '나는 당신의 마음을 잘 알고 있어요', 또는 '그 눈빛이 무엇을 말하는 것인지 잘 알고 있다'는 뜻이리라. 때론 매력적인 미소에 눈이 멀기도 한다. 이런 미소를 '치명적인 미소', '살인적인 미소'라고 한다.

미소는 이심전심의 대화다. '미소'라고 하면 뭐니 뭐니 해도 국보 제78호 백제 미륵반가사유상의 미소가 떠오른다. '세계 최고의 미소', '천년의 미소', '백제의 미소'로 불리며 세인의 마음을 사로잡고 있다. 이 반가상과 똑같은 반가상이 일본 교토 고류지(廣隆寺)에 모셔져 있다. 일본 국보 1호(조각 부분)이다.

고류지는 택시를 타도 되지만, 기차 두 동을 달고 다니는 100년 된 전차를 타고 가는 것이 더 좋다. 교토 고조(五

条) 오오미야(大宮) 역에서 란텐선(嵐電線) 노면 전철을 타고 7~8번째쯤 고류지(廣隆寺) 역에서 내리면 바로 우측에 우뚝 산문이 보인다.

일본 아오모리(青林)에 있는 조동종 운쇼지(雲祥寺) 주지 이치노헤(一戶) 스님은 한국이 좋아서 1년에 열 번 정도는 온다.

한번은 나에게 고류지 반가상은 백제 미륵반가상과 똑같은데 차이점이 뭔지 아느냐고 물었다. 갑작스런 질문에 "글쎄요, 잘 모르겠다."고 했더니, 차이점은 '미소'라는 것이었다. 미소? 고류지 반가상의 미소는 백제 반가상의 미소를 담아내는 데는 실패했다는 것이다. 조금은 부끄러웠다. 나는 한국인이지만 두 반가상의 미소에 대해서는 거의 생각해 보지 않았기 때문이다. 대단한 심미안이라고 할 수 있다.

나는 지난해 가을 네 번째로 고류지를 다녀왔다. 여전히 진리를 가득 담고 있는 반가사유상이었는데, 일본 사람들은 혹시라도 먼지가 앉을까, 노심초사하는 반가상이다.

대략 2,400년 전 어느 날 부처님께서 꽃 한 송이를 들어서 보이자(拈花) 가섭존자가 그 뜻을 알고 미소를 지었다고 한다. 이것을 '염화미소', '염화시중(拈花示衆, 꽃을 들어서 대중에게 보이다)', 또는 '염화일소(拈花一笑)'라고도 하는데,

때론 '화(花)'자 대신 '화(華, 역시 꽃을 가리킴)'자를 쓰기도 한다.

염화미소는 중국 선종(禪宗, 선불교) 성립의 사상적 토대, 근거가 된 말이기도 하다. 중국 선종에서는 이 사자성어를 바탕으로 부처님의 진정한 법(法, 진리)은 꽃을 든 의미를 알았던 가섭존자에게로 전해졌고, 그 법은 선종의 초조인 보리달마로 전해졌다고 대내외적으로 선언했다.

이것이 석가모니불 - 중국 초조 보리달마 - 2조 혜가 - 3조 승찬 - 4조 도신 - 5조 홍인 - 6조 혜능으로 이어지는 전등설(傳燈說, 중국 선종의 법맥 계보)이다. 이 전등설이 시사하는 것은 기존의 모든 불교는 방계에 불과하고, 선(禪)만이 부처님의 법을 계승한 정계(正系), 진수라는 말이기도 하다. 오로지 선(禪)만 '알맹이'이고 기타는 모두 '껍데기'에 불과하다는 뜻이다.

그러나 실망스럽지만, 염화미소는 역사적 사실이 아니다. 선의 우월성을 강조하기 위하여 선종에서 만든 창안이다. 아름다운 창안이라고 할 수 있다.

다음은 염화미소의 스토리이다.

어느 날 부처님께서 영축산(영취산, 기사굴산) 정상에 있는 영산회상에서 법회를 개최했다. 마하가섭을 비롯해서 10대 제자 등 많은 불자들이 참석했다. 이윽고 부처님께서 법상에 오르셨다. 광장을 가득 메운 대중들은 시선을 한 곳으로 집중시켰다. 오늘은 무슨 법문을 하실까? 그런데 부처님께서는 일체 말씀이 없으셨다. 침묵, 침묵.

그때 부처님께서는 꽃 한 송이를 들어(拈華) 대중들에게 보였다. 대중들은 모두가 그 의미를 알지 못해 서로 토끼 눈으로 얼굴만 쳐다보고 있었다. 그때 수제자 마하가섭이 일어나 부처님을 향하여 미소를 지었다. 마하가섭만이 꽃을 든 의미를 알았던 것이다. 이윽고 부처님께서는 다음과 같이 말씀하셨습니다.

"나에게 있는 정법안장(正法眼藏)과 열반묘심(涅槃妙心), 실상무상(實相無相) 미묘법문(微妙法門), 불립문자(不立文字) 교외별전(敎外別傳)을 오늘 마하가섭에게 부촉(주다)하노라(付囑摩訶迦葉)."《대범천왕문불결의경》 제2〈염화품(拈華品)〉).

이 구절을 해석하면 이렇다.

'정법안장'은 부처님께서 깨달으신 진리를 가리키고, '열반묘심'은 부처님께서 깨달은 청정한 마음을 가리킨다. 두 말은 사실상 동의어라고 할 수 있다. '실상무상(實相無相)'은 진리의 참된 모습은 모양이 없고, 깊고 오묘한 법문(微妙法門)은 문자로는 표현할 수 없다(不立文字)는 뜻이다. 경전 외에 별도로 전하고자 하노니(敎外別傳), 그것을 꽃을 든 의미를 알고 미소를 지은 마하가섭에게 부촉(전해 준다)한다는 것이다.

이것을 가리켜 이심전심(以心傳心)이라고 한다. 앞의 '심
(心)' 자는 부처님 마음을 가리키고, 뒤의 심(心) 자는 마하
가섭의 마음을 가리킨다. 부처님이 깨달으신 정법안장, 열
반묘심의 진리는 이심전심의 방법으로 선으로 전해졌다
는 것이 핵심이다.

이 염화미소에 바탕하여 나온 말이 그 유명한 불립문
자, 교외별전 직지인심 견성성불(不立文字, 敎外別傳, 直指人心,
見性成佛)이다. 즉 "선은 경전 외에 별도로 전해 준 진수로,
그 방법은 곧장 스스로 자신의 마음을 직시하게 하여 견성
성불케 한다는 뜻이다.

선은 염화미소 네 글자에서 탄생하여 동아시아 불교
사의 커다란 획을 그었고 오늘날 우리나라에도 전해져 큰
축을 이루고 있다.

拈花微笑　염화미소　　　　　　　　　　　+ 한자 연습

拈 집(잡)을 염(념). 집다, 집어 들다.　　微 작을 미. 작다, 적다.
花 꽃 화. 꽃.　　　　　　　　　　　　　　笑 웃을 소. 웃다.

◆ 출전: 《대범천왕문불결의경(大梵天王問佛決疑經)》

소욕지족
(少欲知足)

적은 것에서 만족할 줄 알라

"만족할 줄 모르는 사람,

그는 비록 부유해도 가난한 사람이고,

만족할 줄 아는 사람,

그는 비록 가난해도 행복한 사람이다.

이것을 '지족(知足)'이라고 한다."

소욕지족은 '적은 것에서 만족할 줄 알아야 한다[少欲知足]'는 사자성어다. '많은 것을 바라지 않음', '과욕하지 않음'을 뜻한다.《불유교경(佛遺敎經, 부처님의 마지막 말씀)》에 있는 사자성어로, '분수에 맞게 산다', '현실에 만족하면서 산다.'는 뜻이기도 하다.

《불유교경》에는 소욕지족에 대하여 다음과 같이 설하고 있다.

"비구들이여,

욕심이 많은 사람은 많은 이익을 바라기 때문에 고뇌도

많다.

　그러나 욕심이 적은 사람은 구하는 것도 적기 때문에 고뇌도 적다. (…)"

　"비구들이여,

　만약 모든 고뇌에서 벗어나고자 한다면, 마땅히 '적은 것'에서 만족할 줄 알아야 한다. 만족할 줄 아는 것, 그것이 곧 마음이 부유한 것이고, 즐겁고 안온(安穩, 편안)한 것이다.

　만족할 줄 아는 사람은 비록 땅에 누워 있어도 편안하지만, 만족할 줄 모르는 사람은 천당(극락)에 있을지라도 만족하지 않는다."

《불유교경(佛遺教經)》

　지족(知足)은 곧 자신의 분수를 안다는 뜻이다. 지족은 《논어》에서 말하는 안빈낙도(安貧樂道)와도 상통하는 말로, 가난을 편안하게 여기고 도를 즐긴다는 뜻이다.

　불교에서는 인간의 욕망을 재(財), 색(色), 식(食), 명(名), 수(睡) 다섯 가지로 분류했다. 그것을 오욕(五慾)이라고 하는데, 첫째는 재(財)로 돈, 부에 대한 욕망이다. 둘째는 색욕, 즉 이성에 대한 욕망이다. 세 번째는 식탐, 식욕이고, 네 번째는 유명해지고 싶은 명예욕이고, 다섯 번째는 수면욕(잠을 오래 자고 싶은 것)을 말한다.

여기에 몇 가지를 더 추가한다면 권력욕, 과시욕, 사치욕, 그리고 오래 살고 싶은 장수욕이다. 게다가 얼짱, 몸짱도 추가해야 한다. 이것은 주로 10대, 20대들의 욕망인데, 요즘은 50~60대까지 확산되고 있다.

몰락한 군주는 대부분 색(色)의 욕망으로 망했다. 색(色), 절세미인에 빠져서 몰락한 대표적인 군주는 당(唐) 현종이다.

당 현종은 양귀비 때문에 '안사의 난'을 맞이하게 되었고, 머나먼 촉 땅(쓰촨성)까지 피난을 갔지만 끝내 눈앞에서 애첩의 죽음을 보아야만 했다.

현종의 애첩 양귀비는 물론 조선시대 숙종의 애첩 장희빈도 모두 과욕으로 팔자를 망친 사람들이다. 과욕만 하지 않았더라면 신분 상승과 함께 상당한 부와 권력을 누릴 수 있었을 것이다.

양귀비는 서시, 왕소군, 우희와 함께 중국의 4대 미인이다. 양귀비를 당 왕조를 기울게 한 여인이라고 하여 '경국지색(傾國之色)'이라고 한다. 어느 정도 미인이었는지는 잘 모르지만, 키는 155㎝ 정도였고 체중은 65㎏ 정도였다고 한다. 사실이라면 매우 뚱뚱한 편이라고 할 수 있다.

욕망은 인간의 본능이다. 욕망은 통제하려고 해도 쉽지 않다. 욕망을 통제할 수 있는 기능은 이성(理性)인데, 문제는 이성과 욕망이 충돌하면 대체로 욕망이 이긴다는 것이다.

소욕지족의 행복한 삶을 살자면 이성과 감성, 절제, 그리고 욕망을 적절하게 통제할 줄 알아야 한다. 그것이 지혜이다.

少欲知足 소욕지족   + 한자연습

少 적을 소. 적다.   知 알 지. 알다, 깨닫다.
欲 욕심 욕.   足 발 족. 만족하다.

◆ 출전:《불유교경(佛遺教經)》

화안애어
(和顏愛語)

온화한 얼굴과 부드러운 말씨

'온화한 얼굴과 따뜻한 말씨' 또는 '인자한 얼굴과 다정한 말씨'를 화안애어(和顏愛語)라고 한다.

화안애어는 첫인상이라고 할 수 있다. "웃는 얼굴에 침 못 뱉는다."는 말과 같이 온화한 모습은 누구나 좋아하지만, 무언가 무뚝뚝한 표정을 지으면 불쾌할 수밖에 없다. 인간 관계, 부부 관계도 이런 사소한 데서 금이 가기 시작한다.

우리나라 사람은 대체로 무뚝뚝한 편이다. 불친절한데, 문화적 영향이다. 조선시대 선비, 양반들은 자존심이 강해서 친절하게 대하지 못했다. 친절하면 무언가 아부하는 것 같기 때문이었다. 목에 힘을 세게 주었는데, 이것은 기(氣)로 상대방을 제압하고자 하는 방법의 하나이기도 했다.

또 우리나라 사람들은 목청이 높다. 큰소리, 허세를 좋아한다. 역시 상대방을 제압하기 위한 것인데, 초면에 허세를 부리면 거의 당하게 된다. 목청이 높다거나 큰소리를 치는 사람은 대체로 허세가 심한 사람이라고 보면 된다.

우리나라 사람들은 길을 가다가 부딪혀도 미안하다는 말을 잘 하지 않는다. 반면 유럽인들이나 일본인들은 길에서 부딪히면 누가 잘못했든 간에 무조건 미안하다고 한다. 내가 부주의했다고 생각되는데도 저쪽에서 먼저 미안하다고 하니까 그만 쑥스러워진다.

화안애어는 《무량수경》에 있는 사자성어다. 《무량수경》의 주인공인 법장보살은 항상 자비스러운 얼굴과 따뜻한 말씨(和顔愛語)로 대인관계를 했다고 한다. 이는 곧 불보살의 인격을 보여주는데, 우리도 노력하면 충분히 그런 인격을 갖출 수 있다.

화안애어가 되자면 우선 마음이 너그럽고 인자해야 한다. 세상을 이해할 줄 알아야 하고, 분노, 증오, 짜증이 없어야 한다. 까칠한 말투를 버려야 하고, 남을 헐뜯지 말아야 한다. 비판적 정신은 나쁜 것은 아니지만, 습관화되면 무엇이든지 모두 다 까는 '모두 까기'가 된다.

불교적 인격은 하심이다. 아만(잘난 척하는 마음), 아상(我相, 자신이 최고라는 생각), 에고(ego) 등이 있으면 그것은 천박한 3류 인격은 되어도 불교적 인격은 아니다.

불교에는 돈이 없어도 베풀 수 있는 일곱 가지 보시가 있다. 무재칠시(無財七施)라고 한다.

(1) 자안시(慈眼施): 인자한 눈으로 상대방을 대하는 것을 말한다. (2) 화안시(和顔施): 온화한 얼굴로 대하는 것을 말한다. (3) 언사시(言辭施): 교양 있는 말씨로 대하는 것을 말한다. (4) 사신시(捨身施): 예의 바르고 친절하게 대하는 것을 말한다. (5) 심려시(心慮施): 타인의 고충이나 어려움을 같이 걱정해 주는 것을 말한다. (6) 상좌시(床座施): 타인에게 자리를 양보해 주는 것을 말한다. (7) 방사시(房舍施): 방이나 쉴 수 있는 공간을 제공하는 주는 것을 말한다.

이상 7가지 가운데 (1), (2), (3)을 합한 것이 화안애어이다.

和顔愛語 화안애어   + 한자 연습

和 화할 화. 화합하다.   愛 사랑 애. 사랑.
顔 얼굴 안. 낯, 안면.   語 말씀 어. 말.

◆ 출전:《불설무량수경》

빈녀일등
(貧女一燈)

가난한 여인의 작은 등불

"이 작은 등불을 부처님께 공양하옵나니
바라옵건대 이 인연 공덕으로
내생에 지혜 광명을 얻게 하여 주소서."

빈녀일등(貧女一燈)은 '가난한 여인의 등불'이라는 사자성어다. 가난한 여인이 올린 등불이 비록 작고 초라했지만, 부자가 올린 화려한 등불보다도 훨씬 더 환하게 어둠을 밝혔다는 뜻이다.《현우경(賢愚經)》〈빈녀(貧女) 난타 품〉에 나오는 사자성어로, '빈자일등(貧者一燈, 가난한 자의 등불)' 이라고도 한다.

'가난한 여인의 등불'은 불우한 사람, 가난한 사람에게 주는 희망의 메시지라고 할 수 있다. 비록 금생에 이루어지지 않는다고 해도 현재의 고난을 극복할 수 있는 힘을 준다.

부처님께서 사위성 기원정사에 계실 때다. 수많은 사위성 사람들이 설법을 듣기 위하여 기원정사로 모였다. 그들은 법문을 듣고 난 다음 많은 보시와 공양을 올리고 저녁이 되자 등불을 밝혔다.

그 속에는 '난타'라고 하는 여인도 있었다. 난타는 매우 가난했다. 난타는 다음과 같이 생각했다.

'나는 도대체 전생에 무슨 죄를 지었기에 이렇게 가난한 운명을 타고 태어난 것일까? 부처님도 만났고 설법도 들었지만, 아무것도 보시하거나 공양을 올릴 수가 없으니…'

난타는 생각 끝에 자그마한 등불 공양을 올리고 싶었다. 그래서 겨우 돈 1전을 모아서 기름집 주인에게 1전어치 기름을 달라고 하니, 주인이 "기름 1전어치는 너무 적은데, 어디에 쓰려고 하느냐?"고 물었다.

난타가 자신의 가난한 사정을 이야기하자 감동한 기름집 주인은 1전어치보다 훨씬 더 많은 기름을 주었다. 난타는 기쁜 마음으로 등불을 만들어서 기원정사로 달려갔다.

기원정사에는 이미 크고 화려한 등불이 많이 걸려 있었다. 난타는 자신이 만든 작은 등불은 너무 초라하고 기름도 적어서 한구석에 걸고 나서 서원을 세웠다.

'저는 지금 가난하기 때문에 이 작은 등불 하나를 부처님께 공양하나이다. 바라옵건대 이 인연 공덕으로 저도 내생

에 지혜 광명을 얻어 일체 중생의 어두운 마음을 밝힐 수 있
게 하여 주소서.'

밤이 지나고 새벽이 되었다. 그런데 크고 화려한 등불
들은 모두 꺼졌으나 난타가 올린 작고 초라한 등불은 환하
게 기원정사의 어둠을 밝히고 있었다.

이 소식을 들은 부처님께서는 난타를 데리고 오라고
말씀하셨다. 그리고는 그녀에게 장래 깨달음을 성취할 것
이라는 수기(授記, 예언)를 주셨다. 난타는 수기를 받고서
기쁜 나머지 부처님께 출가를 청했다. 부처님께서는 난타
의 출가를 쾌히 허락하셨다.

'빈녀일등(貧女一燈)'은 가난한 이들에게 주는 메시지이
다. 비록 작은 것이지만 정성이 담긴 보시가 부자들의 거창
한 보시보다 훨씬 더 의미 있고 가치가 있다는 말이기도
하다.

貧女一燈　빈녀일등　　　　　　　　　　+ 한자 연습

貧　가난할 빈. 가난, 곤궁.	一　하나 일. 하나.
女　여자 녀(여).	燈　등불 등. 등잔.

◆　출전:《현우경(賢愚經)》

수처작주
(隨處作主)

주체적인 삶을 살아라

"어디를 가든
자기가 주인이 된다면
그곳이 어디든
그곳은 모두 자기의 공간,
행복한 공간이 될 것이다."

임제의현

'수처작주(隨處作主)는 현재 있는 그곳이 어디든 주인이 되라'는 뜻이다. 중국 당나라 때 유명한 선승인 임제(臨濟義玄, ?~867) 선사의 법어집《임제록》에 나오는 사자성어이다.

임제 선사가 대중들에게 말했다.

"그대들은 밖에서 부처를 찾는 공부를 하지 말라. 그것은 모두 어리석은 자들이나 하는 짓이다. 그리고 어느 곳에 있든지 자신이 주인이 된다면 그곳은 모두 진실한 참(眞)된 곳

이다. 경계를 맞이하여 회피하려고 하지 말라(向外作工夫. 總
是癡頑漢. 爾且 隨處作主, 立處皆眞. 境來回換不得)."

'수처작주(隨處作主)'에 이어 입처개진(立處皆眞)'이 나오
는데, 이 둘은 대구(對句)이다.

수처(隨處)는 '곳곳', '어느 곳', '어떤 장소'만이 아니고
'어떤 상황', '어떤 환경'까지 포함된 말이다. '작주(作主)'는
주인, 주체가 되라는 뜻이다. 입처(立處)는 '현재 있는 그곳,
그 자리'를 가리킨다. 개진(皆眞)은 '모두 다 참된 곳이 된다'
는 뜻이다.

수처작주는 어디로 가든 주인공이 되라는 말이다.
어디를 가든 자신이 주인이라는 의식을 가지고 주체적으
로 살아간다면 그곳이 어디든 그곳은 모두 편안하고 행
복한 공간이 된다. 남의 집이 아무리 좋아도 초라한 자기
집만 못하다. 비록 작지만 자기 집에 들어오면 편안하기
때문이다.

수처작주 입처개진이 하고자 하는 말은 환경이나 여건
에 지배를 받지 말라는 뜻이다. 남의 이목이나 살피면서 환
경에 끌려다니지 말고 자기 자신이 주체, 주인이 되어 리드
해 나간다면, 그곳(立處)이 어디든 모두 진실한 곳, '행복한
공간이 될 수 있다(隨處作主 立處皆眞).

그러나 우리는 대부분 환경이나 여건에 끌려 다닌다.

시끄럽고 복잡해서 참선을 할 수 없다느니, 또 마음을 쉬기 위하여 조용한 곳을 찾아간다느니 등등. 조용한 곳에 가서 어떻게 마음을 쉰다는 것인가? 조용한 곳에 가야 마음이 편안해 진다면 그건 수행이 아니고 환경일 뿐이다.

임제 선사의 말씀 가운데 "경계(환경, 상황, 현실)를 맞이하여 회피하려고 하지 말라(境來回換不得)."는 말은, 현실을 피하지 말고 정면으로 부딪치라는 말이다. 중화적 기질이 드러나는 훌륭한 말씀이다.

우리는 자신의 삶, 인생을 주도적으로 개척해 나가야 한다. 그러나 사람들은 세상과 남을 탓하고 환경과 여건을 탓하면서 정작 자기 자신은 그다지 노력하지 않는다.

사실 지금은 인터넷, 유튜브가 있어서 자신을 알릴 수 있는 여건, 기회는 매우 많다. 과거 대비 성공할 수 있는 기회는 많다. 다만 목표치가 너무 높고 클 뿐이다.

한국 여자 당구 랭킹 1위인 스롱 피아비는 캄보디아에서 한국으로 시집온 여성이다. 그녀는 남편의 권유로 당구를 시작한 지 4년 만에 한국 여자 당구 랭킹 1위가 되었고, 5년 만에 세계 당구 3인자가 되었는데, 보통 하루 12시간씩 연습한다고 한다. 지금 그는 캄보디아의 영웅이다.

또 여자바둑 110개월째 세계 1인자인 최정 9단은 중국 13억 인구의 기를 죽여 놓았는데, 인기가 짱이다. 최정 9단의 2022년 바둑 상금 수입도 몇 억 된다. 이들은 모두

금수저 출신이 아니다.

"정신일도 하사불성(精神一到 何事不成)"이라는 말이 있다. "정신을 한곳에 쏟으면 무슨 일이든 이루어지지 않는 것이 없다."는 뜻이다.

여기서 정신일도(精神一到)가 곧 불교에서 말하는 삼매로 집중과 노력을 가리킨다. 항상 노력, 탐구하는 자세가 곧 수처작주(隨處作主)의 삶, 성공적인 인생을 사는 방법이라고 할 수 있다.

남을 의식하면 주체적인 삶을 살 수가 없다. 남을 의식하면 '보여주기식 삶'을 살게 되므로 수처작주가 될 수 없다. 또 긍정적이어야 한다. 긍정적이라야 자기 계획대로 주체적으로 살 수가 있다. 부정적 시각은 결국 자기 자신을 상실하게 한다.

隨處作主 수처작주   + 한자 연습

隨 따를 수.   作 지을 작. 만들다.
處 곳 처. 장소.   主 주인 주.

◆ 출전: 《임제록(臨濟錄)》

처염상정
(處染常淨)

연꽃은 오염에 물들지 않는다

　처염상정(處染常淨)은 '더러운 곳에 있어도 그 더러움에 물들지 않고 항상 깨끗하다'는 뜻이다. 《묘법연화경(법화경)》에 나오는 사자성어로, 연꽃의 생육 환경을 표현한 말이다.

　연꽃은 늪이나 연못, 진흙 등 지저분한 곳에서 자란다. 그러나 그 꽃은 매우 깨끗하고 아름답다. 연꽃이 비록 탁한 곳에서 살지만 진흙에 물들지 않는 것처럼 번뇌에 물들지 않는 청정한 불성을 비유한 것이다.

　사람도 간혹 연꽃 같은 사람이 있다. 흔히 인간은 환경의 지배를 받는다고 하지만 그렇지 않은 사람도 있다. 경제적·문화적으로 열악한 환경 속에서 성장했지만, 티 없이 맑은 사람이 있다. 마음이 곱기 때문이고 분노나 질투, 증오심이 없기 때문이다.

　《화엄경》에서는 다음과 같이 설한다.

"연꽃에 물이 묻지 않는 것처럼,

　마음은 본래 청정하여

　저 번뇌를 벗어나 있다.

　(如蓮花不着水, 心淸淨超於彼)."

"(보살은) 세간에 머무르되 허공과 같이 걸림이 없다.

　마치 연꽃이 물에 젖지 않는 것과 같다.

　(處世間如虛空 如蓮花不着水)."

《화엄경》

　　불성은 본래 청정하여 번뇌에 물들지 않는다. 다만 지금 현재는 번뇌에 가려져 있을 뿐이다.

　　연꽃 중에서도 백련(白蓮, 하얀 연꽃)이 가장 아름답다. 그것을 상징하는 경전이 《묘법연화경(법화경)》인데, 《금강경》과 함께 우리나라 불자들이 가장 많이 독송하는 경전이다.

　　연꽃의 원산지는 인도라고 한다. 연꽃 가운데 '잠잘 수(睡)'자를 쓴 수련(睡蓮, 잠잘 睡)이 있다. 연꽃은 물에서 자라기 때문에 당연히 '물 수(水)'자 '水蓮(수련)'이라고 생각했는데 그것이 아니고 '잠잘 수(睡)'자 수련(睡蓮)이다.

　　수련(睡蓮)은 낮에는 활짝 피어 있다가 해가 지는 저녁때가 되면 봉우리처럼 오므라든다. 그 모습이 마치 잠을 자는 것과 같다고 해서 '수련(睡蓮)'이라고 하게 되었다고 하는데, 매우 매력적인 이름이다.

수련과 일반 연꽃은 꽃잎에서 구분할 수 있다. 일반 연꽃의 꽃잎은 물 위로 쑥 올라와 있으나 수련의 꽃잎은 물 위에 둥둥 떠 있다.

연꽃을 '하화(荷花)', '부용'이라고도 한다.

중국 북송시대의 유명한 학자 주무숙(周茂叔, 주돈이, 1017~1073)은 연꽃을 매우 사랑하여 '애련설(愛蓮說)'이라는 글을 지었다.

그는 "내가 연꽃을 사랑하는 것은 진흙 속에서 나지만 거기에 물들지 않기 때문"이라고 했는데, 여기서 연꽃은 군자(君子)를 상징한다. 《고문진보》에 수록되어 있다. 《고문진보(古文眞寶)》는 한문 명문장을 수록한 책이다.

處染常淨 처염상정   + 한자 연습

| 處 곳 처. 장소. | 常 항상 상. 언제나. |
| 染 물들 염. 오염. | 淨 깨끗할 정. 깨끗하다, 청정하다. |

◆ 출전: 《묘법연화경》

구시화문
(口是禍門)

입은 재앙을 초래하는 문이다

"물고기는

언제나 입으로 낚인다.

사람도 역시

입으로 걸려든다."

《탈무드》

구시화문(口是禍門)은 '입은 불행을 초래하는 문'이라는 뜻이다. 고려 말 야운 스님의 '자경문(自警文)'에 나오는 사자성어로, 말조심을 이르는 말이다. 화종구생(禍從口生, 재앙은 입에서 나온다)과도 같은 말이다.

우리나라 속담에 "말 한마디에 천냥 빚을 갚는다."는 말이 있다. 말 한마디에 천냥 빚을 갚기도 하지만, 때론 말 한마디 때문에 몰락하는 사람도 있고, 좋던 관계가 악화되기도 한다. 대수롭지 않은 말 한마디가 상대방의 자존심을 크게 건드려 부메랑이 되었다고 할 수 있다.

말, 언어는 그 사람의 인격을 가늠하는 잣대다. 그러므

로 가능한 한 경솔한 말, 남을 헐뜯는 말보다는 덕담, 칭찬
하는 말을 해야 한다. 말 한마디가 인간 관계를 좋게 하기
도 하고, 악화시키기도 하기 때문이다.

《논어》에는 언행의 적절성을 '과유불급(過猶不及)'이
라고 했다. '지나친 것은 미치지 못한 것과 같다'는 뜻인데,
언행이 상황에 맞아야 함을 가리키는 말이다. 칭찬도 너무
지나치면 비아냥이 될 수 있기 때문이다.

남을 헐뜯고 비판, 공격하는 것도 습관이라고 할 수 있
다. 한번 잘못된 습관이 몸에 박히면 빼기 어렵다. 게다가
주변에서 똑똑하다고 박수도 치고, 목에 힘이 들어가기 시
작하면 큰 병이 된다. 곧 착각, 환상이라는 병인데, 이것만
큼 고치기 어려운 병도 드물다.

옛사람들은 말조심을 매우 중시했다. 말이 많으면 실
수할 가능성이 높기 때문이다.

고려말 야운 스님(野雲, ?~1340)은《자경문》3(其三)'에
서 다음과 같이 당부한다.

"말을 많이 하지 말고 가볍게 행동하지 말라(口無多言, 身不
輕動)." (중략)

"입은 재앙을 불러들이는 문(口是禍門)이니 반드시 더욱 엄
하게 지켜야 한다. 그리고 몸은 온갖 재앙을 일으키는 근원
이므로 함부로 행동하지 말라. 자주 날아다니는 새는 그물

에 걸릴 가능성이 높고, 잘 뛰어다니는 짐승은 화살에 맞는 재앙이 있게 된다

(口是禍門, 必加嚴守, 身乃災本, 不應輕動. 數飛之鳥, 忽有羅網之 殃, 輕步之獸, 非無傷箭之禍)."

수행승들에게 언행을 조심할 것을 당부하고 있는 글 인데, 말 한마디로 인하여 한 집단이 분란에 휘말려 무너 지는 경우도 많다. 대의명분이 뚜렷한 일이 아니라면 약방 에 감초처럼 나서는 것은 생각해 볼 필요가 있다.

친척이나 부부, 형제 간의 사이가 벌어지는 것도 상당 부분은 말을 함부로 하기 때문이다.

口是禍門 구시화문   + 한자연습

口 입 구.   禍 재앙 화. 불행, 재난, 근심.
是 이 시. 이것(지시대명사).   門 문 문. 출입하는 문.

◆ 출전: 야운(野雲),《자경문》

파거불행
(破車不行)

노후된 차량은 움직이지 못한다

"늙음을
한탄해서는 안 된다.
오히려 아무 목적 없이
늙어감을 한탄해야 한다.

죽음이 찾아온다고 해서
슬퍼해서는 안 된다.
죽어서 자신의 이름이
잊혀지는 것을 슬퍼해야 할 일이다."

여신오(呂新吾, 1536~1618)

파거불행(破車不行)은 '깨진 수레는 가지 못한다'는 사자성어다. 원효 대사의 《발심수행장(發心修行章)》에 있는 말로 노후 차량, 고장 난 차량은 움직이지 못한다는 뜻이다.

《발심수행장》은 과거 사찰에서 행자들을 가르치는 초급 교과서로 신심을 일으키게 하는 책이었다.

《발심수행장》에는 '파거불행(破車不行)'과 함께 '노인불수(老人不修)'라는 말이 나온다. 이 여덟 자가 대구(對句)로 이루어진 문장인데, 깨진 수레는 굴러갈 수 없고, 늙으면 수행도 할 수 없다는 뜻이다. 조금은 슬픈 말인데, 나이를 먹으면 체력 부족 등으로 수행도 쉽지 않다는 말이다. '노인불수(老人不修)'의 메시지는 젊을 때 놀지 말고 열심히 공부, 수행하라는 것이다.

나이를 먹으면 모두 고민을 한다. 나이를 먹으면 뭘 해야 할까? 어떤 공부를 해야 할까? 노년기의 20년은 청춘기의 20년보다도 훨씬 더 길다. 그 긴 시간을 단순히 소일이나 하면서 보내기란 아까운 시간이다. 무엇을 하든 적어도 하나는 이룰 수 있는 시간이기 때문이다.

물론 나이를 먹으면 체력 부족 등으로 공부하기가 힘든 것은 사실이다. 나이를 먹으면 좌선도 쉽지 않고, 노안(老眼) 등으로 독서도 쉽지 않다. 기억력과 집중력도 떨어진다. 그렇다고 너무 나이를 의식하거나 늙은이 행세는 더욱 노화를 촉진시킨다.

그러나 나이 먹어 공부해도 충분히 일가를 이룰 수 있다. 다만 젊었을 때보다 시간이 배 이상 걸린다. 젊었을 때는 한두 번이면 입력(기억)되지만, 나이를 먹으면 3~4회 이상 일정한 시간을 두고 반복해야 된다.

나는 선종사원 탐구를 위해서 일본에 자주 가는데,

15년 전 처음 시작할 때는 지명, 사찰명 등 고유명사가 도무지 외워지지 않았다. 텐류지(天龍寺), 난젠지(南禪寺), 도호쿠지(東福寺) 등등 아무리 외워도 외워지지 않았다. 일본 사찰 이름은 한자와 일본 발음을 동시에 외워야 하는데, 한자는 기억해도 일본어 발음은 잘 안 되었다. 이렇게 머리가 둔해서 어떻게 답사를 할 수 있을까? 너무 실망스러웠다.

그런데 답사를 반복하다 보니 이제는 새로운 사찰명도 몇 번이면 외운다. 나이를 먹으면 이런저런 근심, 걱정 등으로 정신이 산만해서 집중하지 못할 뿐, 그것에만 집중, 몰입하면 별문제가 아니다. 특히 공부는 충분히 가능해서 성공 가능성이 95% 이상이라고 할 수 있다.

다만 남녀노소를 막론하고 가장 주의해야 할 것은 의지 부족이다. 하다가 좀 힘이 들면 그만두는데, 이것은 참으로 경계해야 할 습관이다. 걸핏하면 그만두는 것은 잘못된 습관 때문이다.

가장 경계해야 할 것은 방일, 나태, 게으름이다. 특히 젊은 날의 방일, 나태는 인생에 결정적인 악영향을 미친다. 노력하는 자는 좀 늦더라도 반드시 성공한다. 그러나 게으른 자는 천재라도 성공하지 못하더라는 것이다. 토끼와 거북이 이야기만 봐도 알 수 있다.

노인불수, 파거불행이라고 했지만 늙으면 좋은 점도

매우 많다. 지하철 무료 승차권도 나오고, 고궁이나 박물관, 국립공원 등에도 무료로 입장할 수 있다. 경로석도 있다.

또 젊은 날에는 먹고 사는 데 급급해서 하고 싶은 것을 못했는데, 비로소 여유가 생긴다. 하나의 주제를 탐구하면서 보낼 수 있는 좋은 시기라 할 수 있다.

노후에는 약간의 운동이나 노동을 하고 그 나머지 시간에는 동서양의 고전을 탐구하는 것도 매우 좋다. 《노자》, 《장자》, 《우빠니샤드》, 불교의 《유마경》, 《화엄경》, 그밖에 다도(茶道), 불교예술, 대승불교 등 탐구할 테마는 무궁무진하다. 행복한 노후를 보내자면 무엇이든지 해야 한다. 무료하면 우울증 등으로 일찍 죽게 된다.

원효 대사께서 '노인불수(老人不修)'라고 한 것은 '젊었을 때 방일하지 말고 열심히 수행, 정진하라'는 뜻이지, 나이를 먹으면 못한다는 말은 아니다. 노후가 되어도 수리하면 충분히 재운행이 가능하다.

일본에 가면 1920~30년대 생산된 SL 증기기관차가 있는데, 아직도 다니는 곳이 10여 곳 이상이나 된다. 관광열차지만 운행에 아무런 이상이 없다. 목이 터져라 기적 소리를 내면서 힘차게 달린다.

오히려 문제는 앞의 여신오의 말처럼 아무 목적 없이 늙어가는 것이라고 할 수 있다. 목적 없이 늙어가는 것은 참으로 슬프고 쓸쓸한 일이다.

"늙음을 한탄해서는 안 된다.

오히려 아무 목적 없이

늙어감을 한탄해야 한다."

여신오

破車不行 파거불행   + 한자 연습

破 깨질 파. 부서질 파.   不 아니 불. 부정사.
車 수레 거(차). 자동차.   行 갈 행. 가다.

◆ 출전:《발심수행장》

인과응보
(因果應報)

콩 심으면 콩, 팥 심으면 팥 난다

"고통이 무섭거든

악을 행하지 말라.

그럼에도 악행을 한다면

영원히 고통에서 벗어나지 못하리."

《소부경전》

인과응보는 원인[因]과 결과[果]에는 반드시 그에 상응하는 과보(果報, 결과)가 따른다는 사자성어다. "죄를 지으면 죗값을 치른다.", "악행을 하면 나쁜 과보(결과)를 받는다." 라는 말과도 같은 말이다.

우리나라 속담에 "콩 심으면 콩 나오고 팥 심으면 팥 나온다."라는 말이 있다. 어떤 결과든 자신이 한 행위나 노력에 따라 결정된다는 말인데, 인과응보의 의미도 갖고 있다.

인과응보는 불교 경전에서도 쉽게 찾을 수 있다. 인과응보는 선인선과(善因善果) 악인악과(惡因惡果)와도 같은 말인데, '인(因)'은 '씨앗', '원인', '인자(因子)'로 어떤 사건이나 사물을 발생·성립시키게 하는 요인·요소이고, '과(果)'는 '결과(結果)', 또는 그에 상응하는 대가를 뜻한다.

즉 나쁜 짓을 하면[因] 그에 상응하는 벌을 받게 된다[果]는 뜻이 인과응보다.

그런데 정말 나쁜 짓을 하면 금생이나 또는 내생에 그 죄를 받을까? 과학적으로는 입증되지 않는다. 더러는 나쁜 짓을 하고도 잘 먹고 잘 사는 인간이 꽤 있기 때문이다. 다만 나쁜 짓을 하면 항상 불안 속에서 사는 것만은 틀림없다. 그 것을 '생지옥'이라고 한다.

20년 전 어느 날 30대 후반의 한 남자가 찾아왔다. 여자 이명(耳鳴) 소리로 매우 괴롭다는 것이었다. 여자 이명 소리? 혹시 여자 귀신 소리냐고 물었더니, 망설이다가 "과거에 여성들을 여러 명 강간한 적이 있는데, 그 비명 소리가 귀에 울려서 잠을 이룰 수가 없다."는 것이었다. 그의 말을 듣고 나는 속으로 '아, 인과응보로구나' 하고 생각했다. 이건 인과응보를 내생에 받은 것이 아니고, 당장 금생에 받은 것이라고 할 수 있다.

나는 먼저 그에게 '인과응보'라는 사실을 인식시켜 주고는 마음으로 참회하면서 '옴마니 반메훔'을 외우면 그 소리가 점점 사라질 것이라고 말해 주었는데, 15일 후쯤에 다시 찾아왔다.

나는 '효과가 있어서 감사 표시를 하러 왔구나.' 하고 생각했는데, 그게 아니고, '옴마니 반메훔'을 할 때는 이명이 사라지는데, 하지 않을 때는 그 때의 비명 소리가 또 귀에 쟁쟁하다는 것이었다. 그야 당연한 것인데, 더 열심히 하면 없어진다고 했더니 그 뒤에는 찾아오지 않았다. 해결되었는지는 알 수 없다.

사람들은 대부분 '업보(業報)'라고 하면 금생보다는 내생에 받는 것으로 알고 있다. 그러나 이명(耳鳴)으로 고통받는 남자의 사례에서도 볼 수 있듯이 과보, 죗값은 내생보다는 금생에 받는 경우가 더 많다. 나쁜 짓을 하면 불안 속에서 살게 되는데, 그것이 금생에 받는 것이 아닐까?

금생에서도 범죄행위를 하면 죄의 성격에 따라 짧게는 1~2년, 길게는 7~8년 이상 교도소 생활을 하게 된다. 만기가 되어 출소해도 전과 경력 때문에 살아가기 힘들다. 사회활동도 어렵고 취직도 힘들다. 낙오자가 될 수밖에 없다. 인과응보이다.

우리는 누구나 자신이 행복해지기를 바란다. 그러면 당연히 남의 행복도 중요하게 생각해야 하는데, 의외로 남의 행복은 아랑곳하지 않는 자들이 있다. 자신의 이익을 위해서라면 가까운 친척 돈도 떼먹고, 친구 돈도 떼먹는다. 악당 같은 자들이다.

어떤 방송인은 형이 매니저를 하면서 수백 억을 가로

챘다고 한다. 몇백만 원도 아니고 수백 억을 가로채다니, 선악에 대한 개념이 없는 무지한 사람, 인과응보도 모르는 사람이다.

사실 인과응보는 교육적 효과가 더 중요한데, 요즘 사람들은 과학적 사고에 물들어서 눈으로 확인할 수 없는 것은 믿지 않으려고 한다. 비록 과학적으로는 입증되지 않지만, 인과응보는 교육적으로 훌륭한 가르침이다.

因果應報 인과응보   + 한자 연습

| 因 인할 인. 원인, 요인. | 應 응할 응. 응당~하여야 한다. |
| 果 실과 과. 결과, 나무의 열매. | 報 갚을 보. 갚다. |

◆ 출전: 불교경전

증사작반
(蒸沙作飯)

모래로 밥을 만드는 사람

증사작반은 '모래를 삶아서 밥을 만든다'는 뜻이다. 과연 모래로 밥을 만들 수 있을까? 천만의 말씀, 불가능하다. 증사작반은 어리석은 사람, 지혜가 없는 사람의 행동을 비유한 말이다.

증사작반은 원효 대사(617~686)가 지은 《발심수행장》에 나오는 사자성어이다. 이 책은 문장이 매우 감동적이어서 신심을 일으키게 하는 책으로, 80년대까지만 해도 갓 입산한 행자들을 가르치는 초급 교과서였다.

"비록 부지런히 수행한다고 해도, 지혜가 없는 사람은 동쪽을 향해 가고 있지만, 실제는 서쪽으로 가고 있다.

또 지혜 있는 사람은 쌀로 밥을 만들려고 한다. 그러나 지혜가 없는 사람은 모래를 삶아서 밥을 지으려고 한다."

어리석은 사람은 수행해도 올바른 수행을 하지 못하

기 때문에 깨닫기가 어렵다는 뜻이다. 자신은 확실하게 방향을 정하고 갔는데 도착해 보니 지리산 천왕봉이 아니고 가야산인 것이다. 지혜가 없으면 엉뚱한 곳, 사도(邪道), 잘못된 길로 가게 된다

솔로몬 왕의 지혜가 있다.

어느 날 솔로몬 왕에게 두 여인이 찾아왔다. 포대기 속의 갓난아이를 놓고 서로 자신의 아이라고 주장했다. 누가 정말 이 아이를 낳은 여자일까? 둘 중 하나는 가짜다. 가짜는 더욱더 슬프게 울먹이면서 자신의 아이라고 주장했다.

솔로몬 왕은 경호원에게 칼을 주면서 "이 칼로 이 아이를 둘로 잘라서 나누어 주라."고 명했다. 무사가 칼로 내려치려고 하는 순간, 한 여인이 갓난아이 위에 엎드렸다. 그 모습을 본 솔로몬 왕은 "이 아이를 이 여인에게 주어라."라고 명했다.

나는 30대 때 이 영화를 보면서 깜작 놀랐다. 칼로 잘라서 나누어 주라고 하면 반드시 그 아이를 낳은 어머니는 몸을 던질 것이다. 그런 명석한 지혜를 소유한다는 것은 참으로 어려운 일이다.

사면초가의 고사에서 항우가 유방에게 패한 것은 군사가 부족해서도, 힘이 부족해서도 아니다. 지혜가 없기 때문이었다. 항우는 힘이 대단하여 별명이 역발산(力發山, 산도 뽑다)이었으나 고집이 세고 무지해서 참모들의 의견(특

히 범증의 의견)을 받아들이지 않았다. 결과적으로 사면초가라는 돌이킬 수 없는 상황을 맞이하게 되었던 것이다.

반면 한(漢) 고조(高祖) 유방은 한신(韓信), 장량(張良) 등 많은 사람들의 의견을 받아들였다. 그 덕분에 유방은 항우를 꺾고 한나라를 세우고 황제가 되었다.

불교 수행의 목적은 탐진치 등 번뇌와 고(苦)의 제거에 있다. 그 세계를 니르바나(열반), 깨달음의 세계라고 하는데, 니르바나로 가는 올바른 길은 사성제(四聖諦)와 팔정도(八正道)를 수행하여 고(苦)의 원인이 되는 욕망을 소멸시키는 데 있다.

그런데 유튜브에는 '전생을 본다', '미래를 훤히 내다본다', '신통술을 한다' 등등 사이비 교주 같은 말을 하는 이들이 있다. 마치 자신이 깨달은 것처럼 말하고 있는데, 터무니없는 말이다.

의아스러운 것은 그 말을 믿는 사람들도 꽤 있다는 것이다. 그것은 마치 고수익을 얻게 해 주겠다는 말에 거액을 맡기는 것이나 마찬가지다. 증사작반.

蒸沙作飯　증사작반　　　　　　　　　　　　+ 한자 연습

蒸 찔 증. 찌다. 삶다.　　　　作 지을 작. 만들다.

沙 모래 사.　　　　　　　　飯 밥 반. 밥.

◆ 출전:《발심수행장(發心修行章)》

152

입전수수
(入廛垂手)

중생을 찾아 속세로 들어가다

입전수수는 '속세로 들어가서 중생을 교화한다'는 뜻이다. '전(廛)'은 점포(店鋪), 시장(市場)을 뜻하는데 중생이 사는 이 사바세계를 가리키고, 수수(垂手)는 손길을 내민다는 뜻으로 교화, 중생 구제를 뜻한다.

'십우도(十牛圖)'라고 하는 선화(禪畫)가 있다. 사찰에 가면 대웅전 벽에 많이 그려져 있는데, 소를 찾는 그림이라고 하여 '찾을 심(尋)' 자를 써서 '심우도(尋牛圖)'라고도 한다. 소(牛)는 중생의 우치(愚痴)한 마음, 곧 어리석은 마음을 가리킨다.

입전수수는 십우도의 마지막 그림인 제10도의 화제(畫題)로, 깨달음을 이룬 후에는 사바세계 즉 현실 속으로 들어가서(入廛) 중생을 제도해야 함(垂手)을 뜻하는 사자성어다.

불교의 대명제는 개인적으로는 깨달음을 이루는 것이고, 공적(公的)인 과제는 중생제도이다. 특히 불교에는 사홍서원, 즉 네 가지 큰 서원이 있는데 그 가운데 첫 번째가 중생무변서원도(衆生無邊誓願度)이다. 중생이 헤아릴 수 없이 많지만 맹세코 모두 다 제도하겠다는 뜻이다.

그 밖에도 불교 일반에서는 중생을 제도하기 위하여 자(慈)·비(悲)·희(喜)·사(捨)의 네 가지 방법을 제시하고 있다. 이것을 사무량심(四無量心)이라고 하는데, 조건 없이 무한한 자·비·희·사를 베푸는 것을 말한다.

자(慈)는 따뜻하게 보살펴 주는 것이고, 비(悲)는 슬픔이나 고통을 제거해 주는 것이고, 희(喜)는 보시 등을 통하여 기쁨을 주는 것이고, 사(捨)는 마음을 평온하게 해 주는 것을 말한다.

불교의 커다란 목적, 가치관은 깨달음이다. 그러나 이것은 개인적으로 이루어야 할 과제라고 할 수 있다. 깨달음은 중생제도에 힘쓰면서도 이룰 수 있기 때문이다. 그러나 중생제도는 불교의 공적인 가치관으로 1순위이다. 순서를 혼동하지 말아야 한다.

入塵垂手 입전수수   + 한자 연습

入 들 입; 들어가다.   垂 드리울 수. 내밀다.
塵 가게 전. 시장, 저잣거리.   手 손 수.

◆ 출전: 심우도(尋牛圖)

안수정등

(岸樹井藤)

인생은 절벽에 매달린 존재다

안수정등(岸樹井藤)은 '절벽에 있는 나무(岸樹)와 우물 위에 있는 등나무(井藤)'라는 뜻이다.

탐(貪, 탐욕)·진(瞋, 분노·질투·증오심)·치(痴, 무지, 어리석음) 삼독에 빠져 살아가고 있는 중생들의 모습이 마치 절벽에 매달려 있는 것과 같다는 뜻이다. 《불설비유경》에 나오는 사자성어로, 사바세계에 살고 있는 어리석은 중생들의 삶의 형태를 비유한 말이다.

경전에 나오는 안수정등에 관련된 스토리이다.

한 나그네(중생)가 광막한 들판을 걸어가고 있는데, 뒤에서 쿵쿵거리는 소리가 나서 돌아보니 큰 코끼리가 쫓아오고 있었다. 나그네는 무서워서 있는 힘을 다해 달아나다가 강이 내려다보이는 절벽에 이르렀다. 이제는 도망갈래야 더이상 갈 곳이 없었다.

그런데 다행하게도 절벽 끝에 큰 나무가 있었고(岸樹),

그 아래에는 우물이 있고, 등나무 넝쿨이 우물로 늘어져 있었다. 등나무를 타고 내려가면 코끼리의 공격을 피해 살 수 있었다. 나그네는 '이제는 살았구나.' 하고 안도의 숨을 쉬면서 등나무를 타고 내려갔다.

그런데 이게 어찌 된 일인가? 등나무를 타고 우물 아래로 내려가 보니, 밑에는 독사 네 마리와 독룡(毒龍) 한 마리가 고개를 쳐들고 있었다. 절망적인 상황이었다. 다시 위로 올라가자니 사나운 코끼리가 있고 아래로 내려가자니 독사가 기다리고 있었다. 게다가 흰 쥐와 검은 쥐가 번갈아 가며 등나무 넝쿨을 갉아 먹고 있었다.

운명의 순간. 그런데 그 순간 어디선가 꿀물이 한 방울씩 떨어지고 있었고, 나그네(중생)는 자신의 목숨이 위태롭다는 것도 잊어버린 채, 떨어지는 꿀을 받아먹고 있었다.

이상이 경전에 나오는 안수정등과 관련된 내용이다. 여기서 나그네는 중생을 가리키고, 광막한 들판은 어둠의 세계인 무명(無明)을 가리키고, 검은 쥐와 흰 쥐는 해와 달, 낮과 밤(시간)을 가리키고, 쥐가 등나무를 갉아 먹는 것은 시간, 또는 점점 줄어드는 수명을 가리키고, 네 마리 독사는 지수화풍 사대를, 꿀은 오욕락(五慾樂)을 가리킨다.

안수정등(岸樹井藤)은 생사고해 속에서 살아가는 위태로운 중생들의 삶의 형태를 드라마틱하게 비유한 사자성어이다. 즉 중생들은 오욕락에 빠져서 시간 가는 줄 모르고 있다는 말이다. 무상한 현실을 잊은 채 허송세월하고 있다는 뜻이다.

중생들은 코끼리, 독사, 독룡, 검은 쥐와 흰쥐 등이 공격해 오는 절체절명의 순간을 살아가고 있다. 그런데도 한 방울 한 방울 떨어지는 달콤한 꿀맛(오욕락)에 빠져 정신을 못 차리고 있다. 지금 이 글을 쓰고 있는 필자 역시 그 가운데 한 사람이기도 하다.

岸樹井藤　안수정등　　　　　　　　　　　　　+ 한자연습

岸 언덕 안.　　　　　　　井 우물 정.

樹 나무 수.　　　　　　　藤 등나무 등.

◆ 출전:《불설비유경》

불립문자
(不立文字)

선은 문자 속에는 있지 않다

'불립문자'란 선은 심오해서 언어문자로는 담을 수도 없고, 표현할 수도 없다는 뜻이다. 선의 특성을 대표하는 사자성어로, 선은 오직 마음으로만 전할 수 있고, 문자 속에는 없다는 말이다.

또 '선은 문자를 중시하지 않는다', '선은 문자를 표방하지 않는다'라고도 말할 수 있다. 선은 문자를 통해서는 알 수도 없지만, 전해 줄 수도, 깨달을 수도 없다는 뜻이다.

사실 '선의 세계'만이 아니고, 무엇이든지 직접 체험, 경험해 봐야만 알 수 있다. 물론 책을 통해서도, 또 요즘은 인터넷을 통해서도 알 수 있지만, 그것은 지식이나 정보를 통해서 간접적으로 아는 것이고, 확실하게 알자면 직접 가 봐야만 알 수 있다.

불립문자는, "不立文字(불립문자) 教外別傳(교외별전) 直指人心(직지인심) 見性成佛(견성성불)"로 된 4구(16자) 가운데 첫 구절이다. 그 뜻은 "선은 문자를 중시하지 않는다.

선은 부처님께서 교(敎, 교학, 경전) 밖에 별도로 전한 진리로 자신의 마음을 직시하여 본성(청정한 본성, 불성)을 보아 부처(깨달음)를 이루게 한다."라는 뜻이다.

그런데 간혹 불립문자(不立文字)의 본의를 혼동하여 "책을 보지 말라", "책을 보면 깨닫지 못한다"는 등 원초적으로 책과 문자를 멀리하라고 하는데, 그것은 선(禪)의 단면, 일부분만 알고 전체를 모르는 데서 나온 잘못된 말이라고 할 수 있다.

불립문자의 본의는 앞에서 말한 것처럼, 언어 속에는 선을 담을 수 없다. 또는 선은 언어문자로는 표현할 수 없다는 뜻이다. 더 나아가 지나치게 문자의 표면적인 뜻에 의존하는 것을 경계한 말인데, "책을 보면 깨닫지 못한다."고 한다면, 그것은 마치 "구더기 무서워 장을 담지 말자."는 속담과 다르지 않다고 할 수 있다.

물론 언어 문자를 몰라도 깨달을 수는 있다. 그러나 언어를 모르면 지식 부족, 표현 부족, 체계적인 설명 부족 등으로 제자를 지도, 교육할 수 없다. 뿐만 아니라, 법문도 단조로운 한두 가지 외에는 못하게 된다. 대학교수인데 강의를 하지 못하는 교수와 같은 것이다.

선은 불립문자라고 하지만, 실제 문자를 통하지 않고는 선을 이야기할 수도 없고 전할 수도 없다. 그래서일까, 선승들은 그 어느 종파의 고승들보다도 몇 배나 많은 선시와 어록 등 법문집을 남겼다. 언어 문자를 통해서 적어도 90%까지는 전할 수 있고, 담을 수 있고, 표현할 수도 있고, 알 수도 있기 때문이었다.

만일 선어록 등 선사들의 법문집이 선으로 들어가는 데, 아무런 역할을 하지 못한다면, 전국 서점에 있는 선승들의 법문집은 모두 쓸모없는 휴지조각에 불과하다고 할 수 있다.

不立文字 불립문자   + 한자연습

不 아니 불. 아니다. 부정사.　　文 글 문.
立 세울 립. 주장하다.　　字 글자 자.

◆ 출전: 《대범천왕문불결의경》

수연불변

(隨緣不變)

원칙과 융통성의 철학

수연불변(隨緣不變)은 세상의 변화를 따르지만(隨緣), 그 본질은 '변하지 않는다(不變)'는 사자성어다.

'수연(隨緣)'은 시대적 상황이나 변화, 또는 환경에 따라 변화·대응한다는 뜻이고, '불변(不變)'은 '그 본질, 근본, 지조는 고수한다'는 뜻이다. 앞뒤를 바꾸어서 불변수연(不變隨緣)이라고도 한다.

수연불변은 《화엄경》과 《대승기신론》에 있는 말로, 진여(眞如, 불교의 진리)의 두 측면, 즉 수연진여(隨緣眞如)와 불변진여(不變眞如)를 표현한 사자성어이다. 진여, 진리는 변하지 않지만, 상황이나 시대에 변화·변용·대응해야 함을 뜻한다.

수연불변을 일반적으로 해석하면 '융통성(隨緣)과 원칙주의(不變)'라고 할 수 있다. 원칙만 있고 융통성이 없으면 시대적 상황에 제대로 대처·대응할 수 없게 되고, 융통성만 있고 원칙이 없으면 편법이 난무하여 부조리·부정부

패가 만연하게 된다.

원칙만 고수하면 고리타분한 인생이 되고, 변화만 추종하면 철학 없는 인생이 된다.

1970년대에 출판된 경제학자 존 케네스 갤브레이스가 쓴 《불확실성의 시대(The Age of Uncertainty)》가 있다. 그는 현대를 혼란스러운 시대, 무어라 정의하기 어려운 '불확실성의 시대'라고 진단했다.

비록 70년대 초 진단이지만, 지금도 여전히 진행 중에 있다. 이런 시대에는 원칙과 융통성을 잘 적용해야 한다. 원칙만 고수하면 기업이 절대 살아남을 수가 없다. 시대의 변화에 대응하지 못하는 기업은 도태될 수밖에 없는데 철학이나 사상도 마찬가지다.

미국의 유명한 필름회사 코닥 필름이 문을 닫은 것은 필름에만 집착한 나머지 메모리 개발 등을 등한시했기 때문이라는 것은 잘 알려진 사실이다.

《금강경》에서는 그것을 다음과 같이 설한다,

"고정된 법(진리)은 없다. 그것을 이름하여 최상의 진리라고 한다(無有定法 名 阿耨多羅三邈三菩提)."

사고나 생각이 고정관념에 사로잡혀 있으면(不變) 무용지물이 된다. 자동차가 그 자리에 고정되어 있다면 고철에 불과하다.

그러나 한편으로는 변해야 할 것이 있고(隨緣), 변하지 말아야 할 것이 있다(不變). 선(善), 인간의 순수성은 변하지 말아야 하고, 과학 문명은 변화, 발전해야 한다.

일본 교토(京都)에 가면 시간이 멈춘(不變) 사찰이 있다. 산젠인(三千院), 짓코인(實相院), 도후쿠지(東福寺), 난젠지(南禪寺) 등인데, 산문으로 들어가면 200년 전이고 나오면 인간 세상, 속세가 나타난다(隨緣). 특별한 경우가 아니라면 교토의 선종사원은 30년 전이나 50년 전이나 지금이나 똑같다. 바뀐 게 있다면 화장실 변기뿐이다.

원칙 없는 융통성은 편의주의가 되어 부조리를 낳고, 융통성 없는 원칙은 고루해진다. 원칙(不變)과 융통성(隨緣)이 조화를 이룰 때 천년을 움직이는 철학, 사상이 될 수 있다.

隨緣不變 수연불변   + 한자 연습

隨 따를 수. 따르다.   不 아니 불. 부정사.
緣 인연 연.   變 변할 변. 변하다.

◆ 출전:《화엄경》,《대승기신론》

향상일로
(向上一路)

최상으로 가는 하나의 길

'향상일로(向上一路)'는 '최고의 경지에 이르는 하나의 길', 또는 '최상으로 가는 하나의 길'이라는 뜻이다. '깨달음의 극처(向上)'를 가리키는 말인데, 일반적으로는 오늘보다는 내일이, 내일보다는 모레가 더 향상(向上), 발전해야 함을 가리키는 말이기도 하다.

'향상일로(向上一路)'는 선불교의 용어이다. 유명한 《벽암록》2권에 나오는 말인데 선의 극처(極處), 깨달음의 극처, 절대 진리로 가는 오직 하나의 길, 깨달음의 경지 등을 뜻한다.

동의어로는 '향상일구(向上一句)'가 있다. '선의 최종적인 한마디' '오도(悟道)의 키워드가 되는 한마디', 또는 깨달음을 이루게 하는 한마디라고 할 수 있다.

'향상일로'는 동산양개 선사 등 많은 선승들이 썼다. 그러나 이 말을 처음 쓴 선승은 당나라 때 선승인 반산보적(720~814) 선사이다. 반산보적(盤山) 선사가 법당에 올라가 대중들에게 설법했다.

"향상일로(向上一路)는 천성(千聖, 천 명의 성인)도 전하지 못한다(不傳). 공부하는 이들은 이것을 찾기 위하여 매우 고생들 하는데, 그러나 그것은 마치 원숭이가 (달밤에 연못 속의) 그림자를 잡으려는 것과 같다."(盤山上堂. 向上一路. 千聖不傳. 學者勞形. 如猿捉影.)

여기서 향상일로는 '깨달음의 극처(向上)'를 가리킨다. 깨달음의 극처는 전해 줄 수 있는 것도, 받을 수 있는 것도 아니라는 것이다. 그런데도 수행자들은 그것을 찾으려고 노심초사한다. 마치 원숭이가 달밤에 연못에 비친 그림자를 실물로 착각하고 잡으려고 하는 것과 같다는 것이다.

그림자를 붙잡아봐야 허탕이다. 선의 극처, 향상일로는 모양도 없고, 언어 문자로도 표현할 수 없는 무형의 존재다.

중국 고전인 《서경(書經)》에 나오는 유명한 말로 '일신우일신(日新又日新)'이라는 말이 있다. '날마다 날마다 발전하고 새로워져야 한다'는 뜻이다. 향상일로와 같은 말이라고 할 수 있는데, 1년 전이나 올해나 똑같다면 그것은 인생을 게으르게 보낸 것이나 다름없다. 아무 문제의식 없이 시간을 보냈기 때문이다.

조계종 초대 종정을 지낸 한암(漢岩, 1876~1951년) 선사는 "죽음은 커다란 일이다. 시간을 낭비하지 말라. 시간은 무상하고 빠르다. 그리고 시간은 사람을 기다리지 않는다(生死大事 光陰可惜 無常迅速 時不待人)."라고 말씀하셨다. 허송세월하지 말고 열심히 공부하라는 말씀이다.

우리는 간혹 실력이나 기술이 전보다는 훨씬 발전했을 때도, 생활 수준이 과거보다는 더 나아졌을 때도 '향상'되었다는 말을 쓴다. 그 반대어가 향하(向下, 아래)'이다. 그리고 '일로(一路)'는 '단 하나의 길'을 뜻한다.

날마다 향상되자면 무엇보다도 생각, 의식이 죽지 않아야 한다. 의식의 죽음은 곧 탐구 정신이 죽어 있다는 뜻이다.

수행자에게 의식의 죽음은 육체의 죽음보다도 더 슬픈 일이다. 날마다 자신을 새롭게 하는 것, 그것이야말로 인생을 즐겁고 지혜롭게 사는 방법이라고 할 수 있다.

向上一路 향상일로　　　　　　　　　　+ 한자 연습

向 향할 향.	一 한 일. 하나.
上 위 상. 위.	路 길 로(노).

◆ 출전: 《벽암록》 2권

이고득락

(離苦得樂)

고통에서 벗어나 행복을 얻다

"혜가: 마음이 괴롭습니다.

　　　저의 이 괴로운 마음(번뇌)을 치료해 주세요.

　달마: 뭐, 마음이 괴롭다고?

　　　그 괴로운 마음을 빨리 가지고 오게.

　　　당장 치료해 주겠네."

이고득락(離苦得樂)은 '고통에서 벗어나 낙(행복)을 얻다'라는 뜻이다.

고통, 괴로움에는 두 가지가 있다. 마음의 고통과 육체적인 고통이다. 불교에서 말하는 고통은 육체적인 고통보다는 마음의 고통에 포인트를 두고 있는데 마음의 고통이란 슬픔, 걱정, 불안, 초조 등 괴로움을 말한다.

인간으로서 근심, 걱정, 불안 등 번뇌를 다 제거한다는 것은 불가능한 일이다. 번뇌는 끝이 없기 때문이다. 따라서 정신건강에 큰 영향을 주지 않는 범위에서 적당히 공존하는 것이 최선의 대책이다.

중국 선종의 제2조 혜가 선사는 눈이 내리는 어느 날 달마를 찾아갔다. '불안한 마음(번뇌)을 치유'하기 위해서였는데, 혜가를 본 달마는 "그대의 그 불안한 마음을 가지고 오면 치료해 주겠다."고 하였다. 그러나 혜가는 끝내 그 불안한 마음의 실체를 찾을 수 없었다. 달마는 그 순간 "그대의 불안한 마음을 고쳐 주었네."라고 하였다고 선의 역사서인 《전등록》에 전한다.

자, 이것은 무엇을 말하는가? 모든 것은 마음이 만든 것에 지나지 않는다는 뜻이다. 혜가는 달마의 한마디에 불안을 해소하고 마음의 평온을 찾을 수 있게 되었다고 할 수 있다. 혜가는 번뇌(불안한 마음)란 모두가 자기 자신의 마음이 만들어낸 것임을 새삼 깨달았던 것이다.

불안감은 건강, 스트레스, 미래에 대한 불확실성 등 여러 가지 요인이 있지만, 심적인 작용이 더 크다. 별일도 아닌데 과도하게 걱정하기 때문이다. 물론 예방적 차원에서 미리미리 생각은 해야겠지만, 지나친 걱정은 삶의 질을 떨어뜨린다.

"걱정한다고 해서 걱정이 없어진다면 걱정할 것도 없겠네."라는 말도 있지만, 걱정한다고 해서 걱정이 사라진다면 얼마나 좋을까? 오히려 우리는 공연한 습관성 걱정, 쓸데 없는 걱정을 너무 많이 하면서 살아간다.

심리학자에 의하면, 우리가 하고 있는 걱정 중 86%는 쓸데없는 걱정, 즉 기우라고 한다. 기우(杞憂)는 옛날 기(杞) 나라 사람들은 눈만 뜨면 "하늘이 무너지면 어쩌나." 하고 걱정했다는 고사에서 나온 말인데, 괜한 걱정은 정신피로 만 가중시킨다.

그리고 걱정의 10%는 불가항력인 것들로 우리의 힘으 로는 해결할 수 없고(예컨대 나라 걱정 등), 정말 당사자가 해 결할 수 있는 것은 4% 정도에 불과하다고 한다. 정리하면 걱정의 96%는 쓸데없는 걱정, 불필요한 걱정을 하고 있다 는 것이다.

성격이 우유부단하면 걱정을 양산하게 된다. 따라서 아주 중요한 것이 아니고 일상적인 것이라면 가능한 한 빨 리 처리해 버려야 한다. 오래 두면 걱정거리, 할 일을 쌓아 두는 꼴이 된다. 또 될 수 있으면 불안 요인을 찾아서 원천 적으로 제거해야 한다.

이고득락은 '고통스러운 삶에서 벗어나 행복을 얻는 다'는 뜻이다. 행복을 얻자면 무엇보다도 정신적인 괴로움 등 번뇌에서 벗어나야 한다.

번뇌에서 벗어나는 방법으로는 화두 참구 등 몰입, 삼 매를 통하여 극복하는 방법이 있다. 그 밖에 염불, 다라니, 경전 독송 등 몰입을 통하여 번뇌를 잊을 수 있다.

중국 전국시대의 사상가 순자(荀子)는 '막신일호(莫神 一好)'라고 하였다. '막신(莫神)'은 '이보다 더 신명 나는 일은 없다'는 뜻이고, '일호(一好)'는 '오직 하나를 좋아하는 것', '하나에 몰두, 몰입하는 것'을 뜻한다. 하나에 몰입하면 모든 것을 잊게 된다. 물론 번뇌도 사라진다. 화두 참구도 그런 기능이 크다.

離苦得樂　이고득락　　　　　　　　　+ 한자 연습

離 떠날 리(이).　　　　　　得 얻을 득.
苦 쓸 고. 괴롭다, 고통스럽다.　　樂 즐거울 락(낙).

실유불성
(悉有佛性)

모든 인간은 부처가 될 수 있다

실유불성(悉有佛性)은 중생(인간)은 누구나 다 깨달음을 이룰 수 있는 불성을 소유하고 있다는 뜻이다. 대승《대반열반경》에 있는 사자성어이다.

불교에서는 "인간은 누구나 다 깨달음을 이룰 수 있다." 또는 "부처가 될 수 있다."고 말한다. 이것을 불성(佛性, 부처의 성품)이라고 하는데, 곧 성불할 수 있는 자질, 바탕, 가능성을 말한다.

사실 이 말은 이해하기 쉽지 않다. 훌륭한 고승이 그런 불성을 갖고 있다면 충분히 이해가 되는데, 평범한 자기 자신에게도 그런 위대한 불성이 내재해 있다는 것이 도저히 납득이 되지 않기 때문이다.

그래서 이런 비유를 들어보고자 한다. 모두가 알고 있듯이, 자유 민주주의 국가에서 국민은 누구나 다 똑같은 주권, 기본권(즉 불성)을 갖고 있다. 누구나 다 국회의원이 될 수 있고, 대통령이 될 수 있다. 또 인간은 동등하므로 누구나 다 자유를 누릴 수 있고, 행복을 누릴 수 있다.

이 말은 곧 일체중생은 누구나 다 깨달음을 이루어 부처와 같은 존재가 될 수 있다는 말과도 같은 말이다, 그러나 전제 조건은 선거에서 당선(수행해야 한다)되어야 한다. 누구나 다 기본권(불성)을 갖고 있지만 노력하지 않으면 안 된다.

비유를 하나 더 든다면, 금광에 금(불성)이 엄청나게 매장되어 있지만 발굴해서 제련(수행)하지 않으면 아무 소용이 없다. 그건 하나의 돌멩이(중생)에 불과하다.

일체 중생이 모두 불성을 소유하고 있다는 것은, 인간은 본질적으로 부처와 동등한 존재라는 뜻이기도 하다. 다만 깨달아야 한다. 문제는 어떻게 수행해야 깨달을 수 있고, 또 깨달음이란 어떤 것을 가지고 말하는 것인가?

불교에서 깨달음은 고집멸도의 사성제의 이치, 무아·공·중도·연기법의 이치·반야지혜의 이치를 체득하여 고(苦)에서 해탈하는 것을 말한다. 번뇌를 다스리는 것, 탐진치를 제거하는 것, 고집멸도 사성제 등의 이치를 터득하는 것이 수행이다.

그런데 전생을 훤히 내다본다느니, 또는 육체적인 신비주의나 신통술 등 도교적인 것을 가지고 불교 수행으로 착각, 호도하는 이들이 매우 많다.

물론 전생을 훤히 본다고 하면 도통한 것 같고 깨달은

것 같지만, 이런 것들은 모두 불교에서 말하는 깨달음과는 거리가 먼 사(邪)이므로, 속지 말아야 한다.

우리는 누구나 다 불성을 소유하고 있다. 그러므로 깨달을 수가 있다. 깨닫고 나면 괴로움이 없는 니르바나의 세계에 이를 수 있다. 그러나 그 불성을 개발(수행)하지 않으면 미혹한 중생이나 마찬가지다. 광석을 가공하지 않으면 하나의 돌멩이에 불과하다.

부처와 중생의 차이는 바로 불성을 발현시킨 자(부처)와 발현시키지 못한 자(중생)의 차이라고 할 수 있다.

悉有佛性　실유불성　　　　　　　　　　+ 한자 연습

悉　다 실. 모두, 다.　　　　　佛　부처 불.
有　있을 유. 존재하다.　　　　性　성품 성.

◆　출전: 한역《대반열반경》

즉심시불
(卽心是佛)

그대 마음이 바로 부처다

'즉심시불(卽心是佛)'은 '우리의 이 마음이 곧 부처'라는 사자성어이다. 즉심즉불(卽心卽佛)', '심즉시불(心卽是佛)', '시심즉불(是心卽佛, 이 마음이 곧 부처)', '시심시불(是心是佛, 이 마음 이것이 바로 부처)'이라고도 한다. 모두 '마음이 곧 부처'라는 뜻이다.

즉심시불은 중국 선불교의 독창적인 말이다. 우리는 보통 '부처'라고 하면 대웅전에 모셔져 있는 부처님을 생각하게 된다. 그런데 그것이 아니고 '우리의 이 마음이 곧 부처'라는 것은 선불교 외에서는 엄두도 낼 수 없는 말이다. 중화주의적 기질이 돋보이는 말이라고 할 수 있다.

중국 선불교에 가장 영향을 많이 준 책은《대승기신론》이다.《대승기신론》에 의하면 중생의 이 마음속에는 진여심과 중생심이 공존한다고 하였다. 진여심(眞如心)은 깨달은 부처의 마음(진여심, 불심, 불성)이고, 중생심은 번뇌망상으로 가득한 우리 중생의 마음을 말한다.

번뇌로 가득 찬 문제 많은 이 중생의 마음속에 부처의 세계와 중생의 세계가 공존한다는 것은 정신사적으로 놀라운 신발견이라고 할 수 있다. 인간의 마음속에는 선과 악이 공존하고 있다는 말과도 상통하는 말이라고 할 수 있다.

처음으로 즉심시불, 또는 즉심즉불이라는 말을 창안해 낸 이는 조사선의 완성자인 마조도일(馬祖道一, 709~788) 선사이다.

어느 날 대매법상 스님이 마조도일 선사에게 물었다.
"부처란 무엇입니까?"
마조 선사가 말했다.
"즉심시불이다."

이 말의 뜻, 메시지는 '번뇌로 가득 찬 그대의 그 마음이 곧 진리(부처)'이므로 부질없이 다른 곳에서 찾지 말라는 뜻이다. 즉 '그대의 마음에서 찾으라.'는 말이다. 그 마음 찾기에 성공한 자가 '깨달은 자', '부처'라고 할 수 있다.

또 어떤 납자(스님, 수행승)가 마조 선사에게 물었다.

"화상께서는 어째서 즉심즉불이라고 말합니까?"
마조 선사가 말했다.

"어린아이의 울음을 그치게 하려는 것이다(깨달음에 이르게 하는 하나의 방편에 불과하다는 뜻)."

젊은 납자가 물었다.

"울음을 그치면 그 다음에는 무엇을 말하실 겁니까?"

마조 선사가 말했다.

"비심비불(非心非佛), 마음도 아니고 부처도 아니다."

'즉심시불(마음이 곧 부처)'이라고 말해 놓고, 왜 지금은 비심비불(非心非佛, 마음도 아니고 부처도 아니다)이라고 한 것일까? 즉심시불은 강을 건너기 위한 뗏목이고 비심비불은 뗏목을 버리기 위한 말이라고 할 수 있다.

선불교의 핵심 키워드는 '심(心), 마음'이다. '심(心)'이라는 글자는 선승들의 어록(법문집)에서도 가장 많이 나오는 글자다. 그만큼 선에서는 마음을 찾는 일에 몰두했다고 할 수 있다. 그 이유는 마음이 곧 닦아야 할 대상이었고, 깨달아야 할 대상이었기 때문이다. 바로 그대의 그 지랄 같은 마음·욕심·시기·질투·증오·분노·화·짜증·아만·오만 등을 깨달아야 한다. 그 좋지 않은 마음을 제거하고 깨끗한 마음(불성·청정심·진여심)을 찾으라는 것이다.

선화(禪畵, Zen art)의 하나인 심우도(尋牛圖)는 잃어버린 마음(청정한 마음, 본성, 본래심)을 찾아가는 과정을 10장의 그림으로 나타낸 것인데, 그 마음 역시 '즉심시불(卽心

是佛)'에서 말하는 심(心)이다.

또 즉심시불에는 희로애락에 일희일비하고 있는 우리의 이 마음을 반조해 보라는 의미도 있다. 마음 치유, 마음 수행이란 '분노와 화'의 극복이라고 할 수 있는데, 화를 제어하지 못한다면 그것은 에고를 키운 것이지 수행을 한 것이 아니다.

참고로 선어록에서 말하는 '불(佛)', '부처'는 진리(진여)의 대명사이다. 대웅전에 모셔져 있는 불상이나 역사상 실존했던 부처님을 가리키는 것이 아니고, 선의 진리를 가리킨다.

即心是佛 즉심시불   + 한자 연습

即 곧 즉.   是 이(이것) 시. 지시대명사.
心 마음 심.   佛 부처 불. 진리.

◆ 출전: 《마조어록》

좌탈입망
(坐脫立亡)

죽음과 삶을 마음대로 한다

'좌탈입망(坐脫立亡)'은 '좌탈(坐脫)'과 '입망(立亡)' 두 단어가 합해진 말이다. '좌(坐)'와 '입(立)'은 모두 '앉은 채', '선 채'라는 뜻이지만, '즉석'을 가리키기도 한다.

'좌탈입망(坐脫立亡)'은 일단 글자 그대로 풀이하면 '앉은 채로 육신을 벗어버리고, 선 채로 죽는다'는 뜻이다. 즉 죽음을 마음대로 한다는 말이다.

죽음을 마음대로 한다는 것은 누구나 한 번쯤은 도전해 보고 싶은 것인데, 과연 죽음을 마음대로 할 수 있을까? 과연 도(道)를 닦고 깨달으면, 수행의 힘이 쌓이고 쌓이면 죽음을 마음대로 할 수 있을까? 생사를 자유자재로 할 수 있을까?

중국 당나라 때 등은봉(鄧隱峰, 마조의 제자, 생몰연대 미상) 선사라는 분은 거꾸로 서서 입적(入寂, 죽음)했다는 일화가 있다. 등은봉 선사는 평소에도 매우 괴팍했는데, 하루는 제자들에게 물었다.

"지금까지 서서 죽은 사람이 있느냐?"

"예, 있습니다."

"그렇다면 거꾸로 서서 죽은 사람도 있느냐?"

"아직 그런 사람은 없습니다."

이에 등은봉 선사는 즉시 거꾸로 물구나무 자세로 입적했다고 한다.

그런데 문제는 여기서부터 발생했다. 등은봉 선사를 다비(화장)를 해야 하는데, 아무리 흔들어도 시신이 요지부동이었다. 보통 심각한 문제가 아니었다. 그 소문을 들은 등은봉 선사의 여동생(비구니 스님)이 달려와서, "오라버니는 살아생전에도 괴팍한 짓만 하더니 죽어서도 사람들을 애를 먹이고 있으니 이 무슨 해괴한 짓이냐?"고 하면서 손으로 '탁' 치니 한방에 그대로 넘어갔다고 한다.

또 임제의현(臨濟義顯, ?~866) 선사의 도반인 보화(普化) 선사가 있는데, 그는 미리 내일 모레 죽겠다고 공표한 다음 많은 사람이 모이자 그들이 지켜보는 가운데, 스스로 관속에 들어가 열반했다고 한다. 사람들이 며칠 후에 관을 열어보니 시신은 온 데 간 데 없고, 다만 공중에서 딸랑딸랑 요령 소리만 울릴 뿐이었다고 한다. 《임제록》에 나온다.

이 두 선사의 이야기는 어디까지가 픽션이고 논픽션인지는 알 수 없지만, 모두 다 과장된 말이라고 보는 것이 좋을 것이다. 평소 두 스님은 괴팍한 행동을 많이 했기 때문에, 또 평소에 그런 말씀을 많이 했기 때문에 픽션이 붙게 된 것이 아닌가 생각한다.

1941년 6월 조계종 초대 종정으로 추대된 방한암 선사가 있다. 방한암 선사(1876~1951)는 1951년 봄 상원사에서 벽에 기댄 채 입적하셨다. 입적하시기 1주일 전부터 몸이 불편하셨는데, 7일째 되던 날인 1951년 3월 22일 아침에 시자(만화희찬)에게 진부에 가서 한약을 지어오라고 시킨 다음 벽에 기댄 채 입적하셨다.

그 장면이 당시 6.25 전쟁 중 오대산 부근에 주둔하고 있던 00사단 정훈장교 김현기 씨(승려 출신 정훈장교)가 촬영하여 공개했다. 한암 선사의 열반 모습은 널리 알려졌는데, 벽에 기댄 채 입적은 가능하다고 본다.

입적, 죽음은 공으로 돌아가는 것을 의미한다. 천상병 시인은 '귀천(歸天)'이라고 하는 시에서 이승에서의 삶을 '아름다운 소풍'이라고 표현했다. 인생을 달관했기 때문일 것이다.

사람은 죽음을 싫어한다. 죽음은 이 세상과 영원한 이별이기 때문이다. 그러나 이 세상보다 저쪽 세상이 더 좋은 곳일지는 알 수 없다. 고대 중국의 철인(哲人) 장자(莊子)는 "비로소 죽은 뒤에 살아 있었다는 것을 후회할지 그 누가 알겠는가?"라고 하여 이승의 삶을 조롱하기도 했다.

수행자라면 누구나 한 번쯤은 죽음을 마음대로 해 보고 싶을 것이다. 멋있지 않은가? 그러나 좌탈입망을 생체학적으로 죽음을 자유자재, 마음대로 하는 것으로 보는 것은 비합리적인 생각이다.

그보다는 죽음이 찾아와도 거부하지 않고 '존재의 법칙'으로 받아들이는 것일 것이다. 죽음에 초연한 것, 죽음이 찾아오면 당연한 이치로 받아들이는 자세가 더 중요하다.

저승사자가 데리러 왔는데도 가지 않겠다고 중환자실에서 연명 치료를 하는 것은 부끄러운 일이다.

坐脫立亡 좌탈입망

+ 한자 연습

坐 앉을 좌. 앉다.
脫 벗을 탈; 벗다, 옷을 벗다.
立 설 립(입). 또는 즉시, 그 자리에서 즉시.
亡 망할 망. 죽다, 없어지다.

◆ 출전: 《선원청규》, 《좌선의》

파사현정
(破邪顯正)

삿된 것을 부수고 바른 것을 드러내다

파사현정(破邪顯正)은 '그릇된 것을 깨부수고 바른 이치(=正道)를 나타내다'라는 뜻이다. '사(邪)'는 '삿된 것', '사도(邪道)' 등 '바르지 못한 것'을 가리키고, 정(正)은 정도를 뜻한다.

'파사현정'이라는 말은 중국의 고승 길장(吉藏, 549~623) 스님의 《삼론현의(三論玄義)》라는 책에 처음 나온다.

길장 스님은 "의(義, 옳은 것)에는 오직 두 가지가 있는데, 첫째는 현정(顯正, 바른 것을 확립)이요, 둘째는 파사(破邪, 삿된 것을 부수다)이다. 삿됨을 깨뜨리고, 바름을 드러내면 그 위로 큰 법이 홍포된다."고 하였다.

'파사현정'이라는 말은 조선 초 함허 선사의 저술로 알려진 《현정론》에도 나온다. 《현정론》은 숭유억불의 정치적 시대에 유생, 유학자들의 불교 비판에 대하여 그 부당함을 지적하고자 하는 목적에서 저술된 책이다. 불법의 바른 진리를 알리고 그들의 잘못된 생각을 바로잡기 위한 것이었다.

조선시대 유생, 주자학자들은 사사건건 불교를 비난했고, 권력을 동원하여 핍박하기도 했다. 또 그들은 걸핏하면 스님들에게 시비를 걸었다.

한 예로 당시 사찰은 억불로 대부분 산속에 있었다. 스님들이 절로 가자면 마을을 통과할 수밖에 없었는데, 마을 어귀 정자는 유생들의 놀이터나 마찬가지였다. 그곳을 통과하자면 큰 소리로 "소승 문안 드리오." 하고 큰절을 하지 않으면 시비를 걸어와서 곤욕을 치루는 경우가 많았다고 한다.

또 조선시대에는 벼슬하는 유학자들에게 '독서 휴가 제도'인 '사가독서(賜暇讀書)' 제도가 있었다. 직무로 인해 학문을 탐구할 기회가 부족하니 휴가를 주어 독서하게 한 것인데, 주로 자기 집이나 독서당에서 했지만, 더욱 좋은 곳은 사찰이었다.

한 일화로 1442년 세종 때 신숙주, 성삼문 등 젊은 유생 6명에게 독서 휴가를 주었다. 삼각산 진관사(지금 은평구 진관사)에 가서 독서하게 했다. 물론 공식적인 경우에는 모든 비용을 국가에서 부담했다.

그러나 훗날에는 걸핏하면 유생들이 독서 휴가를 핑계로 사찰에 와서 방을 요구했다. 숭유억불 시대인지라 사찰에서는 아무 말도 못하고 방을 제공할 수밖에 없었다.

또 각 지방 관아에서는 노역할 일이 있으면 무임금으로 스님들을 불러댔다. 뿐만 아니라 짚신을 공납(貢納)하라,

은행을 따서 공납하라, 잣을 따서 바치라고 하기도 하였다. 횡포가 심했다.

오늘날에도 종교의 갈등으로 인한 좋지 못한 모습을 발견할 수 있다. 조계사 부근에는 종종 확성기를 들고 하나님을 믿지 않으면 불지옥에 간다고 떠들고 다니는 이들이 있다. 사찰 부근에서 이런 행위는 그야말로 상식 이하의 행위라고 할 수 있다. 일반인들이 종교에 냉담해지는 것도 바로 비상식적인 이런 사람들 때문이다.

어느 시대든 사(邪)와 정(正)은 있다. 오늘날 한국 사회에도 있고, 불교에도 있다. 그것을 어떻게 구분하느냐는 먼저 정(正), 정도(正道)가 무엇인지 구분할 줄 알아야 한다. 다이아몬드를 구분할 줄 모르면 속을 수밖에 없다.

破邪顯正　파사현정　　　　　　　　　　　+ 한자 연습

破　깨뜨릴 파. 깨뜨리다.　　　　顯　나타날 현. 드러내다.

邪　간사할 사, 삿됨. 바르지 못함.　正　바를 정. 바로잡다.

◆　출전: 《삼론현의(三論玄義)》, 《현정론》

오매일여
(寤寐一如)

자나깨나 한결 같다

오매(寤寐)는 '자나깨나'를 뜻하고, 일여(一如)는 '한결
같다'는 뜻이다. '화두 삼매', '화두 몰입', '화두 일념'을 가
리키는 말로, '자나깨나 한결같이(寤寐一如) 화두를 참구해
야 한다'는 말이다. 오직 화두만 생각하면 갖가지 번뇌 망
상이 가라앉고 마음이 평온해지기 때문이다.

오매일여는 중국《시경(詩經)》관저장에 나오는 오매불
망(寤寐不忘, 자나깨나 잊지 못함)과 같은 말이다. '불망(不忘)'
은 '잊지 못한다'는 뜻이고, 일여(一如)는 '한결 같음'을 뜻
하는데, 글자는 달라도 그 뜻은 같은 말이다. 수도(首都)나
서울이나 같은 말인 것과 같다.

화두 삼매는 알음알이(분별심), 욕망, 불안 등 번뇌 망
상 등을 퇴치시켜서 마음의 평온[安心]을 얻고자 하는 데
있다. 그것이 화두 삼매의 기능이다. 또 깨달음의 정의 역
시 번뇌망상을 소멸시키고, 니르바나(열반)를 이루어 걸림
없는 존재가 되자는 데 있다.

그런데 이 말을 과도하게 의미를 부여하여 실제 깊은 숙면 속에서도 화두가 들려야(화두가 참구되어야) 깨닫게 되고, 또 그런 오매일여가 되어야 깨달은 것이라고 한다. 이것은 화두의 역할과 기능, 그리고 깨달음에 대한 정의를 오판한 데서 나온 말이라고 할 수 있다.

만일 그것이 사실이라면 육신은 극도로 피곤해서 코를 '드르렁 드르렁' 골면서 자고 있어도 정신은 초롱초롱하게 잠들지 말고 화두를 참구해야 한다. 그러나 그것은 신선(神仙), 장생불사(長生不死) 등 도교적, 또는 육체적 신비주의로 불교와는 거리가 멀고 깨달음도 아니다. 불교의 깨달음은 탐·진·치 번뇌 제거, 사성제·무아·공의 이치를 확실하게 아는 데 있다는 점을 잊어서는 안 된다.

또 의학적으로도 잠은 뇌가 활동하지 않아야 잠을 이룰 수가 있다. 화두에 집중하고 있고, 뇌가 활동하고 있는 한 뇌는 잠에 들 수 없다. 적어도 잠이 드는 순간(1~2분)에는 뇌가 활동하지 않기 때문이다.

다만 열심히 화두를 참구하다 보면 밤에 화두를 참구하는 꿈을 꾸는 경우는 있다. 굳이 말한다면 이런 것이 오매일여라고 할 수는 있을 것이다. 이것은 화두에 몰입하다 보면 나타나는 현상인데 그 어떤 일이라도 몰입하면 밤에 그와 관련된 꿈을 꾸게 된다.

필자는 어머니가 돌아가신 뒤에 어머니의 영혼을 꼭

만나보고 싶었다. 죽음 이후의 세계에 대하여 묻고 싶었기 때문이었는데, 정말 어느 날 밤에 시골집 벽장에서 어머니가 문을 열고 나타났다. 나는 깜짝 놀랐지만 이때다 싶어 어머니를 꼭 붙잡고 죽음 이후의 이야기를 듣고 싶었다. 그런데 말을 하려고 하는데, 깨고 보니 꿈이었다.

낮에 어떤 주제에 대하여 열띠게 토론하고 나면 그날 밤 꿈에 또 그 주제를 가지고 이야기하는 꿈을 꾸게 된다. 이런 것을 '오매일여'라고 한다면 그건 틀린 것이 아니다. 화두 삼매가 깊어지면 밤에 화두를 들고 있는 꿈을 꿀 수가 있기 때문이다.

그런데 그것이 아니고 실제 숙면 속에서도 화두가 참구되어야 깨닫게 된다고 말한다면, 그는 일평생 화두를 들어도 절대 깨달을 수 없을 것이다. 필자가 이렇게 단언적으로 말하는 것은 잘못된 가르침으로 인하여 많은 수행자들이 허송세월할 수 있기 때문이다.

또 어떤 이들은 화두를 들었는데, 두세 시간, 혹은 하루 저녁이 금방 지나간 느낌이었다고 하면서, 마치 깨달음을 체험한 것처럼 말하는 이들도 있다.

삼매, 몰입의 특성은 시간의 속도가 빠르다는 것이다. 바꾸어 말하면 시간의 흐름을 잊게 되는 것인데 이것은 화두뿐만이 아니고 어떤 일이든 그 일에 몰입하면 마찬가지로 시간이 빨리 간다. 바둑이나 장기, 고스톱을 치면 시간이 금방 가는 것도 마찬가지다.

바둑 기사들은 시합을 하면 각자 2시간 정도를 사용하게 된다. 합하면 4시간이 되는데, 초읽기까지 합하면 5시간 정도 시간을 보내게 된다. 그런데 시합이 끝나고 나면 모두들 시간이 그렇게 빨리 갔느냐고 묻는다고 한다.

삼매는 오늘날 언어로 말하면 '몰입', '집중', '올인(all in)'이다. 일념으로 화두를 참구하면 일체 다른 생각(번뇌 망상)이 끼어들 틈이 없게 되고 기분도 아주 좋다. 그렇게 하여 장기간 지속되면 번뇌(잡생각)가 영영 일어나지 않게 되겠지만, 사실 인간으로서 어떻게 번뇌가 전혀 없을 수 있겠는가? 죽기 전에는 불가능하다. 다만 번뇌가 있지만 그 번뇌에 끌려다니지 않는 방법을 터득해야 한다. 번뇌가 있지만 번뇌에 전혀 속박되지 않는 기술을 터득해야 한다.

사람이 잠을 적절하게 자지 않고는 맑은 정신으로 화두를 들 수 없다. 혼침, 혼미한 상태에서 화두를 참구하게 되는데, 그런 식으로 화두를 들어봐야 아무 소용이 없다. 비합리적인 수행방법, 불가능한 것을 제시해 놓고서 이것을 통과해야 한다고 한다면 그것은 올바른 가르침이 아니다.

사람은 7시간 정도를 자지 않으면 삶의 질이 나빠진다. 중국 당송시대 선종사원에서 저녁 9시에 자고 새벽 4시에 일어났는데, 계산해 보면 딱 7시간이다. 매우 합리적이고 과학적인데, 정신의학에서도 수면 시간이 부족하면 치매에 걸릴 확률이 171%라는 발표도 있었다.

선에서는 화두 참구 방법을 "고양이가 쥐를 잡듯이, 닭이 알을 품듯이 하라."고 한다. 여기서 '고양이가 쥐를 잡듯이'란 집중을 뜻하고, '닭이 알을 품듯이'란 지속을 뜻한다. 지속적인 집중(몰입, 삼매)을 통해서 번뇌를 소멸, 퇴치, 잠재우는 것을 말한다.

또 화두 참구에서 '일념만년(一念萬年, 화두 일념이 만년 가도록 함)'이라는 말도 많이 쓰는데, 이 역시 화두 일념이 지속되어야 함을 뜻한다.

그런데 이것을 실제 상황, 실제로 만년이라고 이해하면 큰 착각이다. 인간은 많이 살아야 80년~100년을 사는데, 실제 만년으로 이해한다면 금생에 깨닫는다는 것은 불가능하다. 1,000생(千生)이나 1,200생은 살아야 가능하다는 말이 되는데, 말이나 되는 말인가? 글자 이면의 뜻을 알아야 한다.

寤寐一如 오매일여   + 한자 연습

寤 깰 오. 잠에서 깨어나다.   一 한 일. 하나.
寐 잠잘 매. 잠을 자다.   如 같을 여.

◆ 출전: 대혜《서장》등 여러 선어록

일기일회
(一期一會)

기회는 한 번밖에 없다

　　일기일회는 '일생에 단 한 번밖에 없는 소중한 만남'이라는 뜻이다. 주로 다도(茶道)에서 사용하는 말인데, 일생에 한 번밖에 없으므로 정성을 다하여 차를 대접하고자한다는 말이다.

　　일기일회(一期一會)가 널리 알려진 계기는 법정 스님께서 수필집 제목으로 쓰면서부터이다. 법정 스님은《일기일회》에서 "한번 지나가 버린 것은 다시 되돌아오지 않는다. 그때 그때마다 감사하게 생각해야 한다. 모든 것이 일기일회일 뿐이다. 모든 순간은 생애 단 한 번의 시간이며, 모든 만남은 단 한 번의 만남이다."(필자 정리)라고 하셨다.

　　만남 중에서도 '좋은 벗(善友)'과의 만남은 일생을 살아가는 데 큰 힘을 준다. 좋은 벗을 불교에서는 '도반(道伴)', '선우(善友)'라고 하는데, 좋은 도반을 만나서 함께 절차탁마하면 좋은 결과를 얻을 수 있다. 선우를 만나서 함께 학문이나 불도를 이룰 수 있지만, 악우(惡友)를 만나면 갖가지 나쁜 짓, 술, 노름, 수다, 과소비 등 방일과 게으름으로 허송세월하게 된다. 절차탁마가 되지 않는 만남은 '인생 낭비' '시간 낭비'라고 할 수 있다.

　공자는 《논어》 학이편에서 "자기보다 못한 사람과는 벗하지 말라. 허물이 있으면 고치기를 머뭇거리지 말라(無友不如己者 過則勿憚改)."라고 하였는데, 자기보다 못한 사람에게는 배울 것이 없다는 뜻이다. 어떤 사람은 공자의 이 말에 대하여 "그렇다면 그 사람은 누구와 벗하느냐?"고 어리석기 짝이 없는 질문을 하는 사람도 있다.

　'일기일회'는 중국 동진(東晉) 때 문인인 원언백(袁彦伯=袁宏, 328~376)의 '만세일기 천재일회(萬歲一期 千載一會)'에서 비롯된 말이다. '일기(一期)'는 '우리의 일생'을 뜻하고, '일회(一會)'는 '단 한 번의 만남'을 뜻한다.

　선불교에서는 스승과 제자의 만남을 일기일회(一期一會)라고 한다. 스승과 단 한 번의 만남, 법거량(선문답)을 통해서 깨달음을 이루기 때문인데, 한 번의 만남으로 중생에서 부처가 된다.

　어떤 문화 속에서 살아가느냐, 어떤 사람들을 만나느냐에 따라 인생이 달라지는 경우가 많다. 이것은 매우 중요하다. 특히 젊은 사람들은 명심했으면 한다.

　《증도가》로 유명한 영가현각(665~713) 선사는 별칭이 '일숙각(一宿覺)'이다. 하룻밤 자는 사이에 깨달았다는 뜻인데, 스승 육조혜능 선사를 만나 그날 밤 문답을 통하여 깨달음을 얻었다. 이것이야말로 일기일회로 하룻밤 사이에 중생에서 부처가 된 것이다.

일기일회. 인생은 한 번이고, 젊은 날은 또다시 오지 않는다. 꼰대의 고리탑탑한 말이지만 젊은이들이여, 명심하소서.

一期一會 일기일회   + 한자 연습

一 한 일. 하나, 한 번.   一 한 일.

期 기약할 기. 주기(週期).   會 모일 회. 모이다, 만나다.

◆ 출전: 茶道 용어

본래면목
(本來面目)

너의 본 모습은 무엇이냐

　선불교에서 매우 중요한 의미를 갖고 있는 선어(禪語)가 본래면목(本來面目)이다.

　글자 그대로 풀이하면 '본래 얼굴', '본 얼굴' 정도가 되겠지만, 그 심의(深意)는 '너의 진실한 모습은 무엇이냐'고 묻는 말이다. 즉 '진정한 자기', '본래 자기', 또는 '진실한 자기의 모습'을 가리키는 말이라고 할 수 있다.

　한자를 한글로 옮기는 것은 참말로 어렵다. 선어가 그러한데 특히 본래면목 같은 말은 이중 삼중으로 표현해도 뭔가 부족하다는 느낌을 저버릴 수 없다. 비록 네 글자에 불과하지만, 우리말로 표현하자면 적어도 3~4배 이상 언어를 동원해야 한다. 이것은 표의 문자(한자)와 표음 문자(한글)가 갖고 있는 언어상의 차이 때문이라고 할 수 있다.

　본래면목은 '너의 본질, 너의 본 모습은 무엇이냐?'고 묻는 말로 '무엇이 진리인가?', '무엇이 부처인가?'라고 묻는 선의 정형구이다.

'본래면목' 하면 우리에게 잘 알려진 '부모미생전 본래면목(父母未生前 本來面目)'이라는 화두가 있다. 부모로부터 태어나기 이전(父母未生前)의 나의 본 모습으로, 자신의 본성을 가리키는 말인데, 의외로 이 말을 영혼으로 착각하는 이들이 있다.

본래면목은 '본래적인 나(我)'를 가리키는데, 여기에 '부모로부터 태어나기 이전'이라는 말이 붙으니까 영혼으로 혼동하는 것 같다. 전혀 그런 뜻이 아니다. 그 의미는 자기 자신의 근원, 본성, 또는 분별의식이 생기기 이전의 일심(一心)을 가리킨다.

本來面目 본래면목   + 한자 연습

本 근본 본. 근원, 바탕, 뿌리.   面 낯 면. 얼굴.
來 올 래. 오다.   目 눈 목.

◆ 출전:《오등회원》

삼륜청정
(三輪淸淨)

보시는 세 가지가 깨끗해야 한다

삼륜청정은 '보시를 하는 사람[施者]'과 '보시를 받는 사람[受者]', 그리고 '보시하는 물건[施物]', 이 세 가지가 모두 깨끗(청정)해야 한다는 뜻이다.

다시 말하면 이 세 가지가 모두 깨끗하지 않으면 훌륭한 보시가 될 수 없다는 말이기도 하다. 《화엄경》, 《대반야경》에 나오는 사자성어로 고려시대 보조 국사(普照國師, 1158~1210)가 지은 《계초심학인문(誡初心學人文)》에도 나오는 명구이다.

보시는 대승불교의 여섯 가지 수행덕목인 육바라밀(보시, 지계, 인욕, 정진, 선정, 지혜) 가운데서도 첫 번째 덕목으로 탐욕과 인색에서 벗어나게 하는 불도 수행의 첫걸음이라고 할 수 있다.

일반적으로 보시는 타인에게 금전이나 물건 등 경제적인 도움을 주는 것을 말한다. 이것을 불교에서는 재시(財施, 경제적인 보시)라고 하는데, 그 외에도 법시(法施)라고 하여 법문이나 경전, 부처님의 가르침을 나눠 주는 보시가 있고, 또 두려움이나 공포증을 제거해 주는 무외시(無畏施)가 있다.

보시는 마음을 풍요롭게 한다. 세상을 따뜻하게 한다. 그러나 탐욕은 마음을 가난하게 한다. 보시는 인격을 완성하게 하지만, 탐욕은 인격을 망가뜨린다. 보시는 이타적인 행위로 사회를 화합하게 하지만, 탐욕은 이기적인 행위로 분쟁의 씨앗을 뿌린다.

삼륜청정은 참다운 보시, 진정한 보시에 대한 대승불교의 관점이라고 할 수 있다. 그런데 어떻게 보시하는 것이 진정으로 깨끗하고 청정(淸淨)한 보시일까?

《금강경》에서는 무주상보시(無住相布施)를 강조한다. 즉 보시하고 나서도 보시했다는 생각(相=想)이나 의식이 없는 보시로, 순수한 보시를 말한다. 생색을 내기 위한 보시는 진정한 보시가 아니라는 뜻이다.

보시했다는 생각을 갖지 않는 것, 이것이 《화엄경》에서 설하는 삼륜청정의 보시이다. 선행을 드러내지 않는 것이야말로 인격이고 미덕이라고 할 수 있다.

한편 보시를 받은 사람도 받았다는 의식을 갖지 말아야 한다는 것이다. 이것은 공(空)의 관점에서 받으라는 것인데, 그래도 받은 사람으로서는 감사한 마음을 가져야 하지 않을까?

그다음에는 보시하는 물건도 깨끗한 것이어야 한다. 깨끗하지 못한 물건, 훔친 물건, 부정한 돈 등을 보시하는 것은 청정한 보시가 아니라는 뜻이다.

《화엄경》(58권)에서는 삼륜청정에 대하여 다음과 같이 설하고 있다.

"삼륜이 청정한 보시란 베푼 자와 받는 자 그리고 보시한 물건이 모두 허공과 같다고 바르게 관찰해야 한다(三輪淸淨 施, 於施者, 受者, 及以施物, 正念觀察 如虛空故)."

공의 관점, 무집착의 관점에서 주고 받으라는 뜻이다.

그러나 우리 중생들은 아직 공의 입장에서 보시하기란 쉽지 않다. 설사 공을 깨닫지 못했더라도 열심히 보시해야 한다. 보시를 하면 행복해 진다. 마음이 풍요해지고 세상이 밝아진다.

三輪淸淨 삼륜청정   + 한자 연습

三 석 삼. 셋. 세 개.	淸 맑을 청.
輪 바퀴 륜.	淨 깨끗할 정.

◆ 출전:《화엄경》(58권).《대반야바라밀다경》

삼라만상
(森羅萬象)

이 세상에 존재하는 모든 것들

우주 공간 속에 존재하는 온갖 사물과 현상 일체를 가리켜 '삼라만상(森羅萬象)'이라고 한다.

삼라(森羅)는 울창한 나무들이 빽빽하게 늘어서 있는 모습을 가리키고, 만상(萬象)은 온갖 현상과 사물을 가리킨다. 삼라(森羅)와 만상(萬象) 두 단어가 합성된 말로, 우리들의 눈앞에 펼쳐져 있는 일체 현상을 통칭하는 말이다.

모든 현상은 우주 자연의 법칙에 따라 봄이 오면 만물이 소생하고 가을이 되면 낙엽이 진다. 옛사람들은 그런 모습을 보면서 인간의 사유를 뛰어넘는 어떤 주재자가 있을 것이라고 생각했다. 그런 말이 중국 고대 철학서인 《장자》, 《노자》, 《주역》 등에 나온다.

'삼라만상'이라고 하면 무언가 심오한 이치, 혹은 거대한 철학적인 주제를 담론하는 것 같은 느낌을 준다. 또는 인간의 갖가지 번뇌, 번민을 지칭하는 것 같은 느낌을 주기도 한다.

삼라만상과 같은 말이 만법(萬法)이다. 여기서 만(萬)은 '1만'이라는 숫자적 개념보다는, 만물(萬物, 갖가지 사물), 만법유식(萬法唯識, 모든 것은 마음의 작용) 등과 같이 '모든 것'을 뜻한다. 유정·무정을 포함한 모든 존재를 가리키는 말이다.

또 불교 철학, 특히 화엄철학에서는 삼라만상을 본체의 상대적인 개념으로도 많이 사용한다. 즉 현상계의 갖가지 차별적인 모습(천차만별)은 본체인 일심(一心)에서 나온 것이라고 관찰했다(《법구경소(法句經疏)》, 森羅及萬像 一法之所生), 일심에서 갖가지 현상세계가 전개, 파생되었으므로 이 마음만 잘 관리하면 모든 것은 해결된다는 입장이다.

또 선에서는 마음에서 일어나는 갖가지 현상, 번뇌를 삼라만상이라고도 부른다. 돈황본《육조단경》에는 "일체 만법은 모두 자신의 마음 속에 있다(一切萬法 盡在自身心中)"라고 하였는데,《대승기신론》의 일심사상, 진여사상에 입각한 말이다.

森羅萬象 삼라만상   + 한자 연습

森 : 수풀 삼. 수풀이 무성한 모양.   萬 일만 만. 숫자, 매우 많다는 뜻.
羅 벌릴 라. 벌려 놓다.   象 모양 상.

◆ 출전:《법구경소(法句經疏)》,《오등회원(五燈會元)》

언어도단
(言語道斷)

문자나 말로는 표현할 수 없다

언어도단은 '선의 세계', '진리의 세계', '깨달음의 세계'는 언어 문자로는 표현할 수 없다는 뜻이다. 불립문자(不立文字)와 같은 말이기 때문에 흔히 '불립문자, 언어도단'이라고 붙여 쓰기도 한다.

언어도단의 본래 뜻은 도(道)는 언어 문자로 표현할 수도 없고 전할 수도 없다는 것이다. 여기서 도(道)라는 글자는 진리의 대명사가 아니고 보통 명사인 '길'을 뜻한다.

필자는 강원도 산골 출신인데, 정선, 평창, 진부 등 해발이 높은 고산지대에서 나오는 옥수수는 정말 맛이 기막히다. 요즘 대학 옥수수 등 여러 가지 신품종이 개발되었지만, 강원도 토종 옥수수와는 비교가 안 된다. 언어문자로는 설명할 수 없고 직접 먹어 봐야만 실감할 수 있다. 언어도단.

그와 같이 깨달음의 세계, 선의 세계도 직접 체험해 봐야 알 수 있다는 뜻이다. 말로는 불가능한 것을 '언어도단'

이라고 한다.

그러나 오늘날 일반적으로 쓰이는 언어도단의 뜻은 '너무 어이가 없어서 말문이 막혔다' 또는 '말도 안 되는 소리를 한다' 등 상대방이 황당무계한 말을 할 때 많이 사용한다. 혹은 너무 엄청나서 말로는 뭐라고 표현할 수 없을 때도 언어도단이라고 한다. 특히 정치권에서는 상대방의 말을 격하시킬 때 많이 사용한다.

언어도단과 같은 의미로 짝을 이루는 사자성어가 '심행처멸(心行處滅)'이다. 글자 그대로 번역하면 '마음 갈 곳이 없다'는 말이다.

부처, 선, 진여의 세계는 인간의 사고나 지능, 생각 등이 닿지 못하는 곳, 접근 불가능한 곳에 있다는 뜻이다. 그 세계는 도저히 언설로는 불가능하다는 뜻이다.

言語道斷   언어도단   + 한자 연습

言 말씀 언. 혼자서 하는 말.   道 길 도. 이치, 진리의 대명사.
語 말씀 어. 대화, 둘 이상이 하는 말.   斷 끊어질 단. 단절.

◆ 출전:《마하지관》상.

◆ 불교 사자성어 54

불이법문
(不二法門)

성(聖)과 속(俗)을 구분하지 말라

불이(不二)란 '둘이 아닌 하나(一)'라는 뜻이다.《유마
경》에 나오는 사자성어로, 달리 표현하면 '다르지 않다', '같
다', '차별을 두지 말라', '평등하다'는 말이다.

《유마경》은《화엄경》,《금강경》,《대승기신론》등과 함
께 중국 선불교에 많은 영향을 준 경전이다. 선, 선승들의
파격적인 스타일은 거의《유마경》의 영향이라고 해도 과언
이 아니다.

불이법문은 상대적인 차별의식을 갖지 말고 모든 사
물을 평등하게 하나로 보아야 한다는 뜻이다. 차별의식이
없는 불이의 세계로 들어가는 것, 그것이 곧 깨달음으로
들어가는 문이라는 뜻이다. 그 불이는 극과 극을 하나로
만드는 통합의 논리이기도 하다.

《유마경》〈입불이법문품(入不二法門品)에는 부처와 중
생, 깨달음과 미혹, 성(聖)과 속(俗), 진(眞)과 망(妄)이 다르
지 않으며, 더 나아가 속세와 불문(佛門), 극락과 지옥, 나

와 타인 등도 모두 다르지 않다고 한다.

상대적인 차별의식을 버릴 때 비로소 깨달음의 문으로 들어갈 수 있다는 것이다. 이것이 바로 《유마경》에서 설하고 있는 불이(不二)의 세계관, 상대적 차별을 초월한 평등한 세계관이라고 할 수 있다.

차별적인 시각에서 보면 갈등은 끝이 없다. '너와 나', '우리와 저들', 그리고 '이쪽과 저쪽'을 나누게 되고 분쟁은 끝날 날이 없다. 나, 우리는 옳고, 너, 너희들은 그르다고 생각하게 되면 상대 쪽은 몰아내야 한다. 색깔이 다르면 내쫓아야 할 대상이 된다.

우리는 부처와 중생을 구분하고, 깨달음과 미혹, 성(聖)과 속(俗), 그리고 나와 남을 구분한다. 사실 부처와 중생, 성(聖)과 속(俗)은 현격하게 다르다. 그러나 《유마경》에서는 다르다는 차별적인 의식을 버리고, 일체는 하나 즉, 같다는 의식을 가질 때 세계는 하나가 된다고 한다.

불이(不二), 불이법문(不二法門)은 둘이 아니므로 차별하지 말라는 뜻이다. 모든 존재의 차별적인 모습은 표면일 뿐, 근원은 똑같다는 뜻이다. 겉모습, 생긴 모습이 다르다고 차별하면 평등한 마음을 가질 수 없고, 깨달음의 세계로 들어갈 수가 없다는 뜻이다.

또 《유마경》에서는 '번뇌즉보리(煩惱卽菩提)'라고 한다. 보리는 '깨달음'을 뜻하고, 번뇌는 욕망·증오·노여움·근심·

걱정·불안·번민 등 잡념을 통칭 번뇌라고 한다. 이 둘은 극과 극인데, '번뇌가 그대로 곧 보리(깨달음)'라고 하니, 참으로 역설적인 말이 아닐 수 없다. 비유하면 마치 동전의 양면처럼 번뇌를 뒤집으면 곧장 깨달음을 성취할 수 있기 때문인데, 매우 멋있는 말이다. 극과 극을 초월한 불이(不二)의 세계관이라고 할 수 있다.

不二法門　불이법문　　　　　　　　　　+ 한자 연습

不	아니 불. 부정사.	法	법 법. 진리, 가르침.
二	둘 이. 두 개.	門	문 문. 입문.

◆ 출전:《유마경》〈입불이법문품(入不二法門品)〉

204

진공묘유
(眞空妙有)

진공은 있는 것이다

　　진공(眞空)은 '참으로 공하다'는 뜻이다. 가짜로 공한 것이 아니고, 진짜로 공한 것, 완공(完空)을 가리킨다. 그리고 묘유(妙有)는 있는 것인지, 없는 것인지, 묘하게 있다는 뜻이다. 공은 현상을 부정하는 말이고, 묘유는 현상을 긍정하는 말이라고 할 수 있다.

　　진공묘유(眞空妙有)는 진공과 묘유의 합성어다. '진공은 묘유(妙有)다' 또는 '진공이지만 묘유다'라고 정리할 수 있는데, 이는 곧 무(無)지만 유(有)이고, '공(空)이지만 공이 아니다(不空=有)'라는 말이 된다. 매우 역설적인 말로, 역설적인 말은 말이 되기도 하고 되지 않기도 한다.

　　중국 화엄학의 대가인 현수법장(643~712) 스님은 진공묘유에 대하여, "있으면서도 공한 것을 진공이라고 하고, 공하면서도 있는 것을 묘유라고 한다. 공과 유(有)가 치우치지 않고 원융(공존)해서 중도에 합한 것(即有而空為眞空, 即空而有為妙有, 空有圓融, 體合中道)이 진공묘유다."라고 하였다.

이 말은 곧 유와 무, 공과 불공(不空) 어느 쪽에도 치우치지 말고 공존해야 한다는 뜻인데, 강조점은 공의 의미를 잘못 알고 허무주의나 니힐리즘에 빠지는 낙공(落空, 공에 떨어짐)을 경계한 말이라고 할 수 있다.

간혹 어설픈 공에 빠져서 "다 쓸데없는 것이야."라고 하면서 아무것도 하지 않고 소일하는 경우가 있다. 그것은 오판이다. 삶이란 동(動) 속에 정(靜)이 있어야 하고, 정(靜) 속에 동(動)이 있어야 한다. 일체 현상이 공(空)임을 인식했다면, 인생을 낭비하지 말고, 묘유(妙有)적인 삶, 창조적인 삶을 살아야 하는데, 허무주의로 빠진 것이다.

대승불교 시대에 이르러 공, 진공, 일체 개공을 강조한 것은 그 목적이 관념의 집착, 현상의 집착을 제거하기 위한 것이었다.

그것은 《금강경》의 '즉비(即非)의 논리'에서도 잘 나타난다. '즉비(即非)의 논리'란, '그것은 곧 아니다'라고 하여 끝없는 부정을 통하여 보다 진실에 가까이 접근해 보기 위한 것이다. 공을 허무주의로 착각하면 오판이라고 할 수 있다.

진공묘유(妙有)는 중국불교에서 제시한 것으로, 낙공(落空, 공에 함몰)을 극복하기 위하여 제시된 철학이라고 할 수 있다. 기존의 염세적이고 부정적인 세계관에서 벗어나 보다 긍정적인 세계관, 적극적인 세계관을 가져야 함을 강조하기 위한 것이 진공묘유의 철학이라고 할 수 있다.

眞空妙有　진공묘유   + 한자 연습

眞 참 진.　　　　　　　　妙 묘할 묘.
空 빌 공.　　　　　　　　有 있을 유.

◆ 출전: 현수법장,《화엄유심법계기》. 청량징관,《화엄경수소연의초》.
천태지자,《인왕호국반야경소》, 불공삼장(不空三藏) 역(譯),《금강정 유가략
술 삼십칠존심요》.

정법안장

(正法眼藏)

부처님께서 깨달으신 선의 진리

정법안장(正法眼藏)이란 글자 그대로 해석하면 '정법의 눈을 간직하고 있는 창고'라고 해석할 수 있는데, 선불교의 사자성어로 부처님께서 깨달으신 선의 진리를 가리킨다.

정법안장(正法眼藏)에는 몇 가지 뜻이 있다.

①부처님의 핵심적인 진리. ②부처님께서 깨달으신 심오한 진리. ③정법(진리)을 볼 수 있는 바른 안목(正法眼). ④불교의 올바른 가르침(正法)을 볼 수 있는 지혜의 눈 등.

그 외에도 여러 가지로 표현할 수 있으나 ①과 ②, 그리고 ③과 ④는 서로 표현만 조금 다를 뿐 거의 비슷한 말이다. 물론 때로는 미세한 표현의 차이에서도 의미가 달라지기도 하지만, 오늘날 선에서 가장 많이 쓰는 개념은 ②'부처님께서 깨달으신 심오한 진리'와 ③과 ④를 합한 '정법(진리)을 바르게 볼 수 있는 지혜의 눈(안목)'이다.

그렇다면 부처님께서 깨달으신 심오한 진리란 어떤 것

이며, 정법(진리)을 바르게 볼 수 있는 지혜의 눈이란 어떤 것일까? 이치를 밝게 보는 능력, 일체는 모두 다 가유적인 것으로 '실체가 없는 존재(無我)', '공한 존재(一切皆空)'임을 파악한 것을 가리킨다.

정법안장은 "나에게 있는 정법안장을 마하가섭에게 부촉한다(吾有 正法眼藏, 涅槃妙心, 實相無相, 微妙法門, 不立文字, 教外別傳, 付囑摩訶迦葉)."라고 하는 말씀에서 나온 사자성어 이다.

'정법안장(正法眼藏)'을 해석할 때 이 네 글자를 어떻게 붙이고 끊어야 할지 고민이 되는 때가 있다.

우선 '정법(正法)'이라고 하면 '부처님의 바른 가르침' 또는 '부처님께서 깨달으신 바른 진리'를 가리키고, '안(眼)' 자는 붙여서 '정법안(正法眼)'이라고 하면 '정법(진리)의 이 치를 바르게 보고 관찰, 파악하는 눈(안목)'이 된다. 그리고 '정법안장(正法眼藏)'이라고 하면 '정법(진리)을 올바르게 보 는 눈(眼), 또는 반야지혜를 간직(藏)하고 있는 창고'라는 뜻이 된다.

정법안장(正法眼藏)은 선의 용어로 부처님께서 깨달은 선의 진리'를 가리킨다. 또는 우주의 진리를 확연하게 깨달 아 보는 지혜의 눈 등 여러 가지로 표현할 수 있다.

참고로 간화선을 창시한 대혜 선사의 저술 가운데《정 법안장》이라는 책이 있고, 일본 조동종을 창시한 도겐(道

元) 선사의 대표적인 저술 이름도《정법안장》이다.

正法眼藏　정법안장	+ 한자 연습

正	바를 정, 바르다.	眼	눈 안, 안목.
法	법 법, 진리.	藏	감출 장, 창고, 간직하다.

◆ 출전:《대범천왕문불결의경》

안심입명
(安心立命)

삶과 죽음에서 초탈하다

안심입명은 수행을 통하여 번뇌에서 초월한 깨달은 경지를 가리킨다. 《전등록》에 나오는 사자성어로 명예와 부(富), 권력, 그리고 죽음을 초탈, 달관한 것을 가리킨다. 때론 마음 심(心) 대신 몸 신(身) 자를 써서 안신입명(安身立命)이라고도 한다.

우리의 삶은 안개 속에 있는 것처럼 불투명하다. 미래에 대한 확실한 시그널이 없다. 그래서 불안하다. 과연 언제쯤 마음 편안히 안심하고 살 수 있을까?

인간의 삶은 하루에도 수차례 희로애락이 교차한다. 1년 365일 가운데 안심, 편안 속에서 보낼 수 있는 날은 많아야 20%를 넘지 못한다. 80%인 300일 정도는 불안, 초조, 근심, 걱정 등 이런저런 번뇌 속에서 살아간다고 할 수 있다. 특히 사업을 하는 사람은 더하다.

선종의 2조 혜가가 폭설을 뚫고 숭산 소림사로 달마를 찾아간 것도 마음이 편안하지 못해서였다. 2조 혜가가 마음이 편치 못하니 치유해 달라고 했던 마음은 과연 어떤 마음이었을까?

혜가가 달마를 찾아간 것은 오늘날로 말하면 '공황 장애', '불안 장애' 때문이었다. 자신도 모르는 근심 걱정이 너무 많았다. 만성적, 고질적인 불안 증세였다.

불안감으로 인해 항상 긴장 상태 속에 있으며, 자율신경이 날카로워지는 것이 특징이라고 하는데, 아마 2조 혜가도 이런 증세 때문이 아니었을까?

지금 인구의 25% 정도가 불안 장애를 겪고 있다고 한다. 특히 여성이 남성보다 2배 정도 더 많다고 한다.

안심입명은 부(富), 귀(貴), 명예 등 삶에서 초연한 것을 말한다. 안심(安心), 안신(安身)은 마음이 편안한 것, 근심, 걱정이 없는 것을 뜻하고, 입명(立命)은 《맹자(孟子)》 진심장(盡心章)에 나오는 말로 천명과 같은 말이다.

아무런 번뇌 없이 살아가는 유유자적한 소요유(逍遙遊) 같은 삶을 가리키는데, 사실 그런 삶은 생존경쟁이 치열한 이 사회에서는 쉽지 않다. 산속의 스님들 외에는 꿈 같은 일이다. 현실에서는 이루어지기 어려운 이상향인데, 이상향이기 때문에 그리움의 대상으로 추구하고 있는 것이라고 할 수 있다.

安心立命　안심입명　　　　　　　　　

安　편안할 안.　　　　　立　세울 립.
心　마음 심.　　　　　　命　목숨 명.

◆　출전:《오등회원》4권,《장사경잠선사어록》

다선일여
(茶禪一如)

차와 선은 하나다

다선일여(茶禪一如)는 차와 선은 하나다. 즉 같다는 뜻으로 다선일미(茶禪一味)라고도 한다.

중국 선종사원에서 차를 마시기 시작한 것은 꽤 오래되었다. 아주 흔한 일을 '다반사(茶飯事)'라고 하듯이 중국인들, 중국 선종사원에서 차는 일상의 하나라고 할 수 있다.

특히 당 말(唐末)의 조주(778~897) 선사는 '끽다거(喫茶去)'라고 하여, 차를 매개로 선법문을 했다. 찾아오는 사람마다 차를 대접했는데, 그냥 단순한 기호품이 아니었다.

어느 날 한 납자가 찾아왔다.

조주 선사가 물었다.

"여기 와 본 적이 있소?", "있습니다". "아, 그렇소. 그러면 차나 한잔 드시오."

또 다른 납자가 찾아왔다.

조주 선사가 물었다.

"여기 와 본 적이 있소?", "없습니다". "아, 그렇소. 그러면 차나 한잔 드시오."

이것을 '끽다거(喫茶去)'라고 한다. 여기서 '거(去)'라고 하는 글자는 '가라'는 뜻이 아니고 '드시오'의 '시오' 또는 '드시게'의 '게'에 해당한다. 즉 행동의 종결을 강조하는 어조사이다. 예컨대 '서거(逝去)', '사거(死去)'도 '죽었다'는 말이지, '죽어 갔다'는 말이 아니다.

'다선일여(茶禪一如)', '다선일미(茶禪一味)'는 차(茶)의 맛과 선의 맛이 같다는 뜻이다. 보리밥과 잡곡밥 맛이 같다면 좀 이해가 가는데, 차와 선이 같다면 공감하기 쉽지 않다. 어떤 점이 같다는 것일까?

다선일미라고 하는 것은 '차의 청아한 맛과 향', '선의 맑고 청아함'이 상통하기 때문이다.

우리나라 차를 '작설차(雀舌茶)'라고 한다. 찻잎이 참새(雀) 혀(舌) 크기만 하다는 뜻에서 붙여진 명칭인데, 곡우 전인 양력 4월 20일경에 잎을 따서 만든 차를 우전차(雨前茶)라고 한다.

우전차는 이른 봄 가장 처음에 나온 어린 찻잎으로 만들었기 때문에 그 맛과 향과 색이 청아하고 그윽하다. 선의 세계도 그윽하고 청아하다. 이것이 차와 선이 만나게 되는 공통점이라고 할 수 있다.

특히 타이완(대만)에서 나오는 대우령은 더욱 맛과 향이 아름답다. 차향은 작설차에만 있는 것이 아니고 우리가 즐겨 마시는 커피에도 있는데 커피향도 마음을 사로잡는다.

선종사원에서는 차를 많이 마셨다. 선승들이 차를 좋아했던 것은 차가 좌선 중의 졸음을 쫓아주기 때문이었다. 또 선원에서는 전문적으로 차를 재배해서 만들기도 했는데, 간시궐 화두로 유명한 운문 선사 어록에는 제자들과 차를 따면서 나눈 선문답이 많다.

이쯤에서 차시(茶詩)를 한 수 감상해 볼까 한다.

"조주 선사는 찾아오는 사람마다
차를 마시라고 말했네.
하지만 그는 한 방울도 입에 묻히지 않았다네.

조주 선사가 수없이 차를 달여 마셨지만
차향은 여전히 남아 있고
다성(茶聖) 육우가 수없이 달여 마셨지만
양(量)은 조금도 줄어들지 않았네.

趙州道箇喫茶去
一滴何曾濕口脣
趙州喫去尙留香
陸羽煎來不減量"

이 시(詩)는 차의 세계와 선의 세계를 잘 표현하고 있는 시이다.

1, 2구에서 조주 선사는 많은 사람들에게 차를 권했고, 분명 그 역시 차를 마셨을 터이지만, '입술도 적시지 않았다' 또는 '흔적도 없다'는 데서, 선의 특징인 무심, 무집착, 공(空), 몰종적(沒蹤跡)의 모습을 볼 수 있다. 만일 조주 선사가 한 잔이라도 마셨다는 생각이 남아 있다면 그의 '끽다거'는 깨달음을 이루는 화두가 될 수 없었을 것이다.

3, 4구는 더욱더 선적(禪的)이다. 선승 조주 선사와 다성(茶聖) 육우가 평생 차를 끓여 마셨는데도 여전히 차향은 남아 있고, 또 그 양(量)도 전혀 줄지 않았다는 것이다. 이런 것이 선의 세계라고 할 수 있다.

茶禪一如　다선일여　　　　　　　　　+ 한자 연습

茶　차 다(차로 발음해도 맞다).　　　一　한 일. 하나, 같다.
禪　참선 선.　　　　　　　　　　　如　같을 여.

◆ 출전:《은원선사어록(隱元禪師語錄)》14권. (은원 선사, 1592~1673)

◆ 불교 사자성어 59

이심전심
(以心傳心)

마음으로 주고 받다

마음으로 법을 주고받는 것을 '이심전심(以心傳心)'이라고 한다.

이심전심은 일반에서도 꽤 많이 사용하고 있는 말인데, 요즘으로 말한다면 '마음으로 통한다'는 뜻이다. 마음으로 통한다는 말은 어딘지 모르게 남다른 특별한 유대감 같은 것을 느끼게 한다. 둘만의 사이, 또는 연인이나 지음자 사이라고나 할까? 하여튼 인간 관계도 이 정도가 된다면 더 없는 관계라고 할 수 있다.

이심전심은 선(禪)의 세계를 잘 표현하고 있는 말이다. 선의 심오한 세계, 깨달음의 깊은 경지는 언어나 문자로는 전해 줄 수 없고, 오직 마음으로만 전해 줄 수 있다는 뜻이다. 진리는 형체도 없고 잡을 수도 없고, 보이지도 않기 때문에 언어로 전한다는 것은 불가능하다. 오직 마음, 이심전심(以心傳心)으로 통하는 방법밖에 없다.

제자가 스승의 법을 전수하려면 실력이 버금가야 한

다. 스승과 제자의 마음이 상통하지 않으면 법을 전수할 수 없다. 일치점, 연결점이 없기 때문이다.

《벽암록》에는 전봉상주(箭鋒相拄), 전전주봉(箭箭拄鋒) 이라는 말이 나온다. 화살 끝이 서로 맞부딪혔다는 말인데, 저쪽에서 쏜 스승의 화살과 이쪽에서 쏜 제자의 화살 끝이 정면으로 맞부딪힌 것이다. 이 정도가 되면 스승은 마음 놓고 제자에게 법을 전할 수 있을 것이다.

'이심전심(以心傳心)'에는 '심(心)' 자가 두 개 나온다. 앞의 '심(心)' 자는 스승의 마음을 가리키고, 뒤의 '심(心)' 자는 제자의 마음을 가리킨다고 할 수 있다.

以心傳心 이심전심   + 한자 연습

以 써 이. ~로써.   傳 전할 전.

心 마음 심.   心 마음 심.

◆ 출전: 《육조단경》, 《달마대사혈맥론》

맹인모상

(盲人摸象)

장님이 코끼리 만지기 식이다

맹인모상은 '눈먼 장님이 코끼리 만지는 식이다'라는 뜻이다. 한역《대반열반경》에 있는 사자성어로, 전체를 보지 못하고 부분만 본 것을 가지고 자기 생각이 옳다고 주장, 고집하는 어리석은 사람을 가리키는 말이다.

또 동의어로 '군맹무상(群盲撫象)', '군맹평상(群盲評象)'이라고도 한다. 여러 명의 장님이 코끼리를 만지고 나서 각자 코끼리가 어떻게 생겼다고 말하는 것, 또는 평한다는 뜻이다. 좁은 식견으로 어떤 일이나 사물을 판단하는 어리석은 행동을 가리키는 말이다.

우리는 어떤 일이나 사건, 사물에 대하여 전체를 알고 나서 말하기보다는 단면, 표면만 보고 말하는 경우가 많다. 자기가 알고 있는 것, 자기가 본 것이 모두 다(전부)라고 생각한다.

이것을 '우물 안 개구리(井蛙, 井底之蛙, 정저지와)'라고 한다.《장자》에 나오는 말로, 자신의 세계가 좁은 것은 모르고 그것이 전부인 양 착각하는 것, 생각이나 식견이 좁은 것을 말한다.

인간은 공간의 구속과 시야의 제약을 받는다. 본 것, 들은 것[見聞]이 좁으면 생각하는 것, 사색, 사유의 세계도 좁을 수밖에 없다. 따라서 한두 가지의 지식이나 글자를 알기보다는 견문을 한 가지라도 넓혀야 한다.

우물 안에 만족해서 살면 바다를 모른다. 모를 뿐만 아니고, 바다가 있다는 것도 믿지 않고, 이해할 수도 없게 된다.

다음은 맹인모상(盲人摸象)의 이야기이다.

옛날 인도의 어떤 왕이 신하를 시켜 코끼리 한 마리를 데려오라고 했다. 그리고는 장님 여섯 명을 불러 손으로 코끼리를 만져 보고 각각 코끼리에 대해 말해 보라고 했다.

맨 먼저 코끼리의 이빨(상아)을 만진 장님은 "코끼리는 무같이 생겼다."라고 말했고, 귀를 만진 장님은 "코끼리는 곡식을 까불 때 사용하는 키같이 생겼다."고 말했고, 다리를 만져 본 장님은 "커다란 절굿공이같이 생겼다."고 말했다.

나머지 장님들도 제각각이었는데, 등을 만진 장님은 "평상같이 생겼다."고 우겼고, 배를 만진 장님은 "장독같이 생겼다."고 우겼고, 꼬리를 만진 장님은 "굵은 밧줄같이 생겼다."고 말했다.

왕은 서로 다투며 시끄럽게 떠드는 장님들을 물러가

게 하고는 신하들을 불러 말했다.

"그대들도 보았듯이 코끼리는 하나이거늘, 저 여섯 장님은 제각기 자기가 만져 본 것만으로 코끼리를 안다고 하면서도 조금도 부끄러워하지 않는구나. 진리를 아는 것 또한 이와 같으니라."

불교 경전인 한역《대반열반경》에 나오는 교훈적인 우화로, 코끼리는 진리(불성)를, 장님은 어리석은 중생들을 가리킨다. 자기의 식견이 부족한 것은 모르고 목청만 높이는 어리석은 행동을 깨우쳐 주기 위한 우화이다.

자기의 주장만을 고집하면 도태, 낙오자가 된다. 생각이 좁기 때문이다. 과거엔 맞았는데, 지금 맞지 않는 것은 공법, 방식이 다르기 때문이다.

그렇다고 남의 말을 너무 추종해도 망한다. 맹목적이기 때문이다. 자신의 의견과 타인의 의견을 모두 참고하여 바르게 볼 수 있도록 넓은 식견과 안목을 쌓아야 한다. 그러면 세상을 알 수 있게 된다.

盲人摸象　맹인모상　　　　　　　　　　+ 한자 연습

盲	장님 맹.	摸	만질 모.
人	사람 인.	象	코끼리 상.

◆ 출전: 한역《대반열반경》

222

불자들이 주고받는 품격 있는 선물!